기초 운동영양학

송영주 · 권대근 · 강준용

선문대학교

기초 운동영양학

송영주, 권대근, 강준용

초판 1쇄 인쇄 / 2015. 2. 25
초판 1쇄 발간 / 2015. 2. 28

발행인 : 황 선 조
발행처 : 선문대학교 출판부
등록번호 : 제 9호
등록일자 : 1998년 9월 25일
주소 : (336-708) 충남 아산시 탕정면 선문로 221번길 70
전화 : (041)530-2827 팩시밀리 (041)530-2979

디자인 : 인쇄 • 다해 (02)2266-9247

값 15,000원
ISBN 978-89-8423-767-4 93590

기초 운동영양학

송영주, 권대근, 강준용

머리말

일본에서 유학을 끝내고 돌아올 때에 박사과정 지도교수님이신 교토대학의 야모리 유키오 교수님께서 "醫食同源" "上醫治未病"이라는 한자어를 책에 적어 주셨다. 醫食同源이란 잘 알다시피 밥이 보약이란 의미로 올바른 식습관이 건강과 직결된다는 의미이다. 上醫治未病이란 의미는 훌륭한 의사는 병이 나지 않게 다스리는 사람이라는 의미라는 것을 최근에 알게 되었다.

이러한 건강과 운동에 대한 관심의 증가는 스포츠과학의 눈부신 발전을 초래하게 되었다. 운동과학 분야는 여러 분야가 있지만 그 중에서도 운동영양학 분야는 운동생리학, 운동처방학과 함께 기초적인 운동의학 분야라고 할 수 있다.

필자가 선문대학교에서 운동영양학 강의를 해 오면서 학생들에게 주입식 강의를 탈피하고자 시도한 것은 그리 오래된 것이 아니다. 지금까지 수업을 해오면서 학생들이 보디빌딩, 농구 등의 다양한 스포츠 활동을 즐기면서 운동영양에 대한 관심이 지대하다는 것을 느꼈으며 이에 주입식 강의를 지양하고 가능한 한 실습이 허용하는 범위 내에서 실습시간을 갖는 것이 좋겠다고 느꼈기 때문이다. 기초 운동영양학 저서는 그 동안 학생들과 수년간 함께한 수업내용과 실습 내용을 간단하게 정리한 것이라고 할 수 있다.

그런데 한 가지 걱정이 앞선다. 야모리 유키오 교수님께서 필자에게 한국에 가서 교수가 되면 60세가 되기 전까지는 연구를 통한 논문만 쓰고 책은 쓰지 말라고 하셨으며 또한 절대 교수로서의 본분을 벗어나는 일을 하여 교수로서 추한

모습 보이지 말라고 말씀하셨는데 약속을 어긴 것 같아 죄스러운 마음이 가득하다. 그러나 이 책을 통해서 운동영양학에 관한 이해도가 넓어지고 관심 있는 학생이 조금이라도 많아진다면 용서받지 않을까 위안해 본다.

서두에서 언급한 것처럼 "醫食同源" "上醫治未病"을 실현할 수 있는 좋은 후학들이 이 책을 통해서 많이 배출되었으면 하는 바람이 가득하다.

마지막으로 이 책의 출판을 위해 도와주신 선문대학교 언론출판부 관계자 여러분에게도 진심으로 감사를 드립니다.

2015년 2월

대표저자 송 영 주

목 차

- 기초이론 편 -

- 실험실습 편 -

기초이론 편

제 1장. 운동영양학의 개요

1. 건강지표

2011년도 통계청 발표에 의하면 한국인의 사망원인 중에 가장 높은 원인은 암이며 그 뒤로 뇌혈관질환, 심장질환의 순이며 사망원인의 10위 내에는 당뇨병, 간질환, 기관지질환, 고혈압 등이 포함되어 있어 생활습관병이 한국인의 10대 사망원인의 대부분을 차지하고 있다 (표 1-1).

표 1-1. 한국인의 사망원인

	남 성	여 성	전 체
1위	각종 암질환	각종 암질환	암
2	뇌혈관질환	뇌혈관질환	뇌혈관질환
3	심장질환	심장질환	심장질환
4	자살	당뇨병	자살
5	당뇨병	자살	당뇨병
6	간질환	폐렴	폐렴
7	교통사고	고혈압	기관지질환
8	기관지질환	기관지질환	간질환
9	폐렴	알츠하이머병	교통사고
10	고혈압	교통사고	고혈압

통계청 자료, 2011년

1988년도에 Reaven 등의 발표에 의하면 내당능 이상, 고인슐린혈증, 고지혈증, 고혈압의 합병증을 syndrome X라고 명명하여 이들의 질환사이에는 매우 깊은 연관성이 있으며 주의해야 될 생활습관병으로 지목하였다. 또한 Kaplan 등 (1989)은 내당능 이상 (impaired glucose tolerance), 고혈압 (hypertension), 비만 (obesity), 고지혈증 (hyperlipidemia)을 나타내는 질병을 죽음의 4중주 (Deadly Quartet)라고 명명하여 이들 질환에 대한 경각심을 불러일으켰다.

간호학대사전에 의하면 건강지표 (health index) 중에 개인의 건강을 나타내는 지표로서는 각종 질환의 유무 외에 체력, 지능 등이 고려되고 있다고 밝히고 있다. 이러한 건강지표를 향상시키기 위한 방안으로 일상생활 중에 적당한 휴식과 운동 그리고 바람직한 영양섭취가 권장되고 있다. WHO의 health promotion program (1986)에서도 건강증진을 위하여 ① 신체활동과 운동 (physical activity & fitness) ② 적당한 영양섭취 (nutrition) ③ 금연 (tobacco) ④ 약물남용의 억제 (substance abuse: alcohol & other drugs) ⑤ 가족계획 (family planning) ⑥ 정신적인 건강 (mental health & mental disorder) ⑦ 폭력예방 (violent & abusive behavior) ⑧ 교육 및 공공프로그램 (educational & community-based program) 에 대하여 강조하고 있다.

따라서 규칙적인 운동과 적당한 영양섭취는 건강증진뿐만 아니라 생활습관병에 의한 사망 예방을 위해서도 필요한 중요한 생활습관이라고 할 수 있다.

2. 생활습관과 건강

건강을 해치는 생활습관은 크게 흡연, 음주, 운동 부족 등으로 알려져 있다.

표 1-2. 한국인의 건강생활실태 (단위: %)

	남 자	여 자	전 체
현재 흡연율	46.8	6.5	26.3
흡연개시연령 (세)	19.3	23.7	19.9
월간음주율	77.5	41.4	59.2
음주시작연령 (세)	18.9	24.7	21.6
격렬한 신체활동참여율	17.5	10.5	13.9
중등도 신체활동 참여율	10.0	7.8	8.9
걷기 실천율	40.9	34.3	37.6

질병관리본부, 2012년

• 현재 흡연율: 평생 100개비 이상 담배를 피웠고 현재 흡연 중인자
• 월간음주율: 최근 1년 동안에 한달에 1회 이상 음주를 한 비율
• 격렬한 신체활동참여율: 최근 1주일 동안 평소보다 몸이 매우 힘들거나 숨이 많이 가쁜 격렬한 운동을 1회 10분 이상, 1일 총 20분 이상 주 3일 이상 실천한 분율
• 중등도 신체활동 참여율: 최근 1주일 동안 평소보다 몸이 조금 힘들거나 숨이 약간 가쁜 중등도 신체활동을 1회 10분 이상, 1일 총 30분 이상 주 5일 이상 실천한 분율
• 걷기 실천율: 최근 1주일 동안 걷기를 1회 10분 이상, 총 30분 이상 주 5일 이상 실천한 분율

2012년 질병관리본부의 통계에 따르면 흡연율은 남성이 46.8%, 여성이 6.5%이며 월간 음주율은 남성이 77.5%, 여성이 41.4%를 나타내고 있다. 또한 흡연과 음주의 개시 연령은 모두 20세 전후로 나타나고 있다. 한편, 운동실천율에서는 격렬한 운동 참가율이 남성 17.5%, 여성이 10.5%를 나타내며 중등도 운동은 남성이 10%, 여성이 7.8%의 저조한 참가율을 보이고 있는 실정이다. 걷기 운동실천율은 남성이 40.9%, 여성이 34.3%를 나타내어 상대적으로 높은 참가율을 보이고 있다 (표 1-2).

따라서 금연하는 생활, 절주 및 적당한 신체활동이 건강을 유지하는 데 필요한 생활습관이라고 할 수 있다.

3. 만성질환과 영양

만성질환은 어떤 특정한 증상이 갑자기 나타나지 않고 서서히 발병하여 치료와 치유에도 오랜 시간을 필요로 하는 질환을 의미하는 용어로서 거의 대부분이 불규칙하거나 잘못된 생활습관에 의해 나타나는 경우이다. 표 1-3에 나타난 바와 같이 빈혈 (anemia)은 골수에서 적혈구를 제대로 만들어내지 못하는 경우, 월경과다, 장내출혈 등과 같은 만성적인 혈액소실에 의한 경우 외에도 영양학적으로 철분 섭취의 부족에 의해 나타나는 철결핍성 빈혈 또는 엽산이나 비타민 B_{12}등의 부족에 의해서도 발생할 수 있다.

한편, 성인의 비만 유병률은 30%를 초과하여 고혈압 (hypertension)과 함께 가장 높은 만성질환 유병률을 나타내고 있다. 또한 고중성지방혈증 (hyperlipidemia)은 최근에 유병률이 급격하게 증가하고 있는 추세이다.

이러한 만성질환의 기본적인 원인은 유전적인 요인 이외에도 운동부족과 잘못된 식생활 등이 크게 작용하고 있다는 사실은 잘 알려져 있다. 비만과 고지혈증 등의 질환은 높은 비율의 지방 섭취나 고탄수화물 식사에 의해서 발생된다. 또한 고혈압은 염분 섭취의 비율이 만성적으로 증가하거나 유산소 운동이 부족한 경우에 발생할 수 있다고 알려져 있다. 그 외에도 만성질환은 고콜레스테롤혈증 (hypercholesterolemia), 당뇨병 (diabetes mellitus), 폐쇄성 폐질환 (obstructive pulmonary disease) 등이 만성질환에 속하는 질환이다. 이러한 만성질환은 영양학적 불균형이나 부적절한 영양공급과도 밀접한 관계가 있음을 알 수 있다.

표 1-3. 만성질환 유병율 (단위: %)

지 표	연 령	남 자	여 자	전 체
빈혈 유병률	10세 이상	2.4	12.7	7.5
소아 청소년 비만 유병률	2-18세	11.0	8.3	9.7
비만 유병률	19세 이상	28.6	35.2	31.9
고혈압 유병률	30세 이상	33.9	27.8	30.8
당뇨병 유병률	30세 이상	12.6	8.5	10.5
고콜레스테롤혈증 유병률	30세 이상	12.8	16.1	14.5
고중성지방혈증 유병률	30세 이상	24.3	9.7	16.5
폐쇄성폐질환 유병률	40세 이상	20.2	6.8	13.2

질병관리본부, 2012년

- 빈혈 유병률: Hb 및 Hct.가 다음의 두 경우에 모두 해당되는 분율, Hb (g/dL): 10-11세 11.5미만, 12-14세 12미만, 15세 이상 비임신여성 12미만, 임신여성 11미만, 남성 13미만, Hct. (%): 10-11세 34미만, 12-14세 36미만, 15세 이상 비임신여성 36미만, 임신여성 33미만, 남성 39미만
- 소아 청소년 비만 유병률: 2007년 소아청소년 성장도표 기준으로 연령별 BMI 95백분위 이상 또는 BMI 25kg/m^2 이상인 분율
- 비만 유병률: 체질량 지수 (BMI, kg/m^2) 기준으로 BMI 25 이상인 분율, 비만 유병률 (허리둘레 기준): 남자 90cm, 여자 85cm 이상인 분율
- 고혈압 유병률: 수축기혈압이 140mmHg 이상이거나 이완기 혈압이 90mmHg 이상 또는 혈압 강하제를 복용한 분율
- 당뇨병 유병률: 공복혈당이 126mg/dL 이상이거나 의사진단을 받았거나 혈당강하제 복용 또는 인슐린 주사를 투여 받고 있는 분율 (2008-2010 통합산출)

• 고콜레스테롤혈증 유병률: 8시간 이상 공복자 중 총콜레스테롤이 240mg/dL 이상이거나 콜레스테롤 강하제를 복용한 분율

• 고중성지방혈증 유병률: 12시간 이상 공복자 중 중성지방이 200mg/dL 이상인 분율 • 폐쇄성 폐질환 유병률: 폐기능검사결과 40세 이상 기류제한 (FEV1/ FVC, <0.7)이 있는 분율

4. 영양에 관한 인식

일반인들의 영양에 대한 관심이나 이해도가 얼마나 높은 지에 대한 조사 (표 1-4)를 보게 되면 평상 시의 영양섭취 부족자는 약 10% 전후이며 지방을 비롯한 영양 과잉섭취자는 약 6% 전후를 나타내고 있다. 또한 아침식사 결식률은 20% 전후에 달하고 있어 균형 잡힌 영양섭취에 대한 이해도가 전반적으로 낮은 것을 알 수 있다. 한편 식이보충제 복용 경험률은 약 40% 정도이며 특히 여성의 경우에는 약 45%를 차지하고 있어 여성이 남성보다 식이보충제에 대한 관심이 높다고 할 수 있다. 한편 식품의 영양표시를 확인하는 지에 대한 관심도는 여성이 남성보다 약 2배 정도 높은 것으로 나타나고 있지만 전체적인 비율은 24% 정도에 불과하여 가공식품의 영양표시에 대한 관심이 매우 저조함을 알 수 있다. 또한 영양교육을 받았거나 영양상담 수혜율은 남녀 공히 10% 미만의 저조한 비율을 나타내고 있다. 따라서 탄수화물, 단백질, 지방 등의 3대 영양소뿐만 아니라 비타민이나 미네랄 등의 균형 잡힌 영양을 섭취함과 동시에 아침을 거르는 등의 결식을 삼가고 영양에 대한 기본적인 상식을 가지고 있는 것이 중요하다고 할 수 있다.

표 1-4. 영양조사의 주요지표 (단위: %)

지 표	남 자	여 자	전 체
영양섭취 부족자 분율	7.2	13.8	10.5
에너지/지방과잉섭취자 분율	8.7	4.4	6.4
아침식사 결식률	20.8	19.8	20.3
식이보충제 복용경험률	34.7	45.2	39.9
영양표시이용률	16.6	31.3	23.9
영양교육 및 상담수혜률	5.8	7.1	6.5

질병관리본부, 2012년

- 영양섭취 부족자 분율: 에너지섭취량이 필요추정량의 75% 미만이면서, 칼슘, 철, 비타민 A, 리보플라빈의 섭취량이 평균필요량 미만인 분율, 만 1세 이상
- 에너지/지방과잉섭취자 분율: 에너지섭취량이 필요추정량의 125% 이상이면서 지방섭취량이 적정 에너지섭취 비율을 초과한 분율, 만 1세 이상
- 아침식사 결식률: {(1일전 아침식사 여부에 '아니오' 로 대답한 대상자수)+(2일전 아침식사 여부에 '아니오' 로 대답한 대상자수)}의 {1일전 아침식사 여부 응답자수)+(2일전 아침식사 여부 응답자수)}에 대한 분율, 만 1세 이상
- 식이보충제 복용 경험률: 최근 1년 이내 2주 이상 지속적으로 비타민/ 무기질제 혹은 건강기능 식품을 복용한 적이 있다고 응답한 분율, 만 1세 이상
- 영양표시이용률: 가공식품 선택 시 영양표시를 읽는다고 응답한 분율, 초등학생 이상
- 영양교육 및 상담수혜률: 최근 1년 이내 영양교육이나 상담을 받아본 경험이 있다고 답한 분율 초등학생 이상, 필요추정량, 평균필요량, 지방적정 에너지섭취비율: 2010 한국인 영양섭취기준 개정판 (한국영양학회, 2010)

5. 스포츠 영양을 위한 기본지식

위에서 언급한 바와 같이 매년 실시하고 있는 건강실천율, 만성질환과 영양과의 관계 및 영양에 관한 인식조사는 국민들의 건강을 지키고 질병을 예방하기 위한 수단으로서 매우 중요하다고 할 수 있다. 또한 운동도 건강유지와 체력 향상뿐만 아니라 질병예방을 위한 수단으로서 대단히 중요하다는 사실은 이미 잘 알려져 있는 사실이다. 그러나 운동 시에는 더 많은 에너지를 소비하고 운동의 종류에 따라 사용되는 에너지가 다르기 때문에 이에 맞는 적절한 운동을 위한 영양섭취가 매우 중요하다.

따라서 운동영양학이라는 새로운 학문이 대두하게 되었으며 지금까지 올림픽, 월드컵 등의 큰 대회를 비롯한 각종 스포츠이벤트에서 운동영양학은 중요한 스포츠과학의 한 분야로서 자리 잡아 가고 있다. 또한 인간의 삶의 질이 향상되고 기계화된 사회 속에서 건강에 대한 관심도가 높아지고 동시에 운동에 대한 관심도와 영양에 대한 관심도 함께 높아지면서 운동영양학은 단순한 스포츠 및 경기의 일부뿐만 아니라 일반인의 생활체육 및 신체활동 속에 함께 하는 운동영양학으로서의 가치가 높아지고 있다.

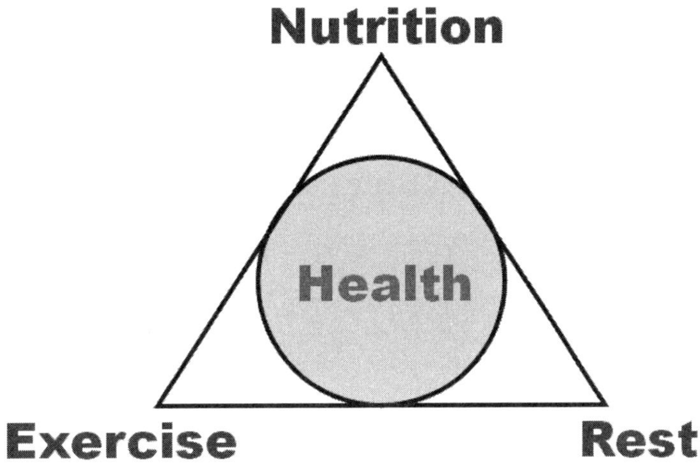

그림 1-1. 건강의 3요소

따라서 건강을 유지하고 체력을 향상시키기 위해서는 규칙적인 운동과 적절한 영양 및 충분한 휴식이 필요하다. 규칙적인 신체활동 및 운동은 골격근뿐만 아니라 신경, 심폐기능 등의 모든 장기의 기능이 총체적으로 작용하여 행해지는 움직임이라고 할 수 있으며 운동을 통해 신체의 신진대사가 활발해 진다. 또한 충분한 휴식은 심신을 이완시켜주고 에너지를 재충전하기 위한 필수 조건이라고 할 수 있다. 따라서 건강을 유지하고 체력을 향상시키기 위해서는 적절한 영양공급 및 충분한 휴식이 동반된 적당한 운동이 필요하다고 할 수 있다.

Memo

Memo

Memo

제 2장. 영양소의 종류와 에너지 대사

1. 영양의 정의

영양 (nutrition)이란 인간의 생명을 유지하는 데 필요하며 또한 성인이 될 때까지의 성장 및 조직의 재생을 위하여 체외로부터 식품을 섭취하여 소화와 흡수과정을 거쳐 체내에서 영양소를 이용하고 또한 불필요한 물질은 체외로 배설하는 일련의 과정을 의미한다. 또한 영양소 (nutrient)란 탄수화물 (carbohydrate), 단백질 (protein), 지방 (fat), 무기질 (mineral), 비타민 (vitamin), 산소, 물 등으로서 식품으로부터 획득되어 인간의 생명유지, 성장 및 조직의 재생에 이용되는 물질을 의미 한다 (표 2-1).

표 2-1. 영양소의 종류

<table>
<tr><td rowspan="8">유기영양소
(organic
nutrient)</td><td rowspan="2">단백질
(protein)</td><td>필수
아미노산</td><td>isoleucine, leucine, lysine, methionine, phenylalanine, threonine, tryptophane, valine, histidine</td></tr>
<tr><td>비필수
아미노산</td><td>alanine, aspartic acid, glutamic acid, hydroxyproline, serine, arginine, cysteine, glycine, proline</td></tr>
<tr><td rowspan="4">지방
(fat)</td><td>지방산</td><td>palmitic acid, stearic acid, linoleic acid, linolenic acid, arachidonic acid</td></tr>
<tr><td>스테롤</td><td>cholesterol, phytosterol</td></tr>
<tr><td colspan="2">인지질, 지방단백, 당지질</td></tr>
<tr><td colspan="2">왁스, cutin 및 기타</td></tr>
<tr><td rowspan="2">탄수화물
(carbohydrate)</td><td>단당류</td><td>glucose, fructose, galactose, ribose</td></tr>
<tr><td>이당류</td><td>maltose, lactose, sucrose</td></tr>
</table>

<table>
<tr><td rowspan="4"></td><td rowspan="2"></td><td>비섬유성 다당류</td><td>dextrin, starch, pectin 등</td></tr>
<tr><td>섬유성 다당류</td><td>cellulose, hemicellulose, xylan</td></tr>
<tr><td rowspan="2">비타민 (vitamin)</td><td>수용성 비타민</td><td>thiamine, riboflavin, pyridoxine, pantothenic acid, niacin, ascorbic acid, biotin, folacin, choline, cyanocobalamine</td></tr>
<tr><td>지용성 비타민</td><td>Vit. A, Vit. D, Vit. E, Vit. K</td></tr>
<tr><td rowspan="2">무기영양소 (inorganic nutrient)</td><td>다량무기질</td><td colspan="2">Ca, Cl, K, Mg, Na, P, S</td></tr>
<tr><td>미량무기질</td><td colspan="2">Fe, I, Cu, Zn, Se, Mn, Co, Cr, F, Mo, Sn, Si, V</td></tr>
</table>

2. 영양소의 소화와 흡수

인체의 소화 및 흡수는 소화액의 분비와 소화액에 의한 음식물의 소화와 수송 및 흡수에 대한 기능을 의미한다. 이러한 기능은 자율신경과 소화 기능을 담당하고 있는 호르몬에 의하여 종합적으로 조절된다.

소화 (digestion)는 인체 내로 섭취된 음식물이 기계적으로 그리고 화학적으로 분해하는 과정을 의미한다. 소화기관은 해부학적으로 입, 인두, 위, 소장, 대장으로 이루어져 있으며 성인의 소화관의 총길이는 약 8m 전후이다. 소화에 관련한 부속기관은 타액선, 간장, 췌장 등이 있으며 그 외에 호르몬과 신경계가 소화에 관여한다. 소화액은 위액, 담즙, 췌장액, 장액 등이 있으며 각각의 소화액은 소화와 관련된 기능을 수행하고 있으나 운동과의 관련성에 대해서는 아직 확실하게 밝혀진 소화액은 위액분비이다. 소화관 수송기능은 위배출 (위에서 십이지장으로의 음식물 수송과정), 소장통과시간과 대장통과시간으로 대별할 수 있다.

1) 탄수화물의 소화흡수

타액에 포함되어 있는 α-amylase에 의해 전분을 맥아당으로 소화시키지만 입에서의 소화시간은 매우 제한적이며 위내로 전분이 들어가게 되면 위에서 분비되는 염산에 의해 이 효소의 작용은 중지하게 되며 염산의 작용에 의해 약간의 서당의 분해가 일어나게 된다.

표 2-2. 탄수화물의 소화에 관여하는 효소

음식물 내의 탄수화물 종류	입	위 (염산분비)	소장	분해효소
과당 (fructose)			과당	
서당 (sucrose)			과당/포도당	sucrase
포도당 (glucose)			포도당	
전분 (starch)	α-amylase		포도당	maltase
맥아당 (maltose)			포도당	maltase
유당 (lactose)			포도당/갈락토스	lactase

음식물 내의 탄수화물의 종류들은 표 2-2와 같이 각각의 분해효소에 의해 대부분이 소장에서 분해되어 흡수된다.

분해된 단당류는 십이지장과 회장에서 갈락토스>포도당>과당의 순으로 흡수속도가 빠르게 일어나며 이 중에 과당은 수동운반, 갈락토스와 포도당은 능동수송에 의해 흡수된다. 소장에서 포도당의 흡수속도는 1g/kgBW/hr.이며 포도당 흡수 후 약 30분에서 1시간 사이에 최고치에 도달한 이후 2-3시간 사이에 정상수준으로 돌아오게 된다.

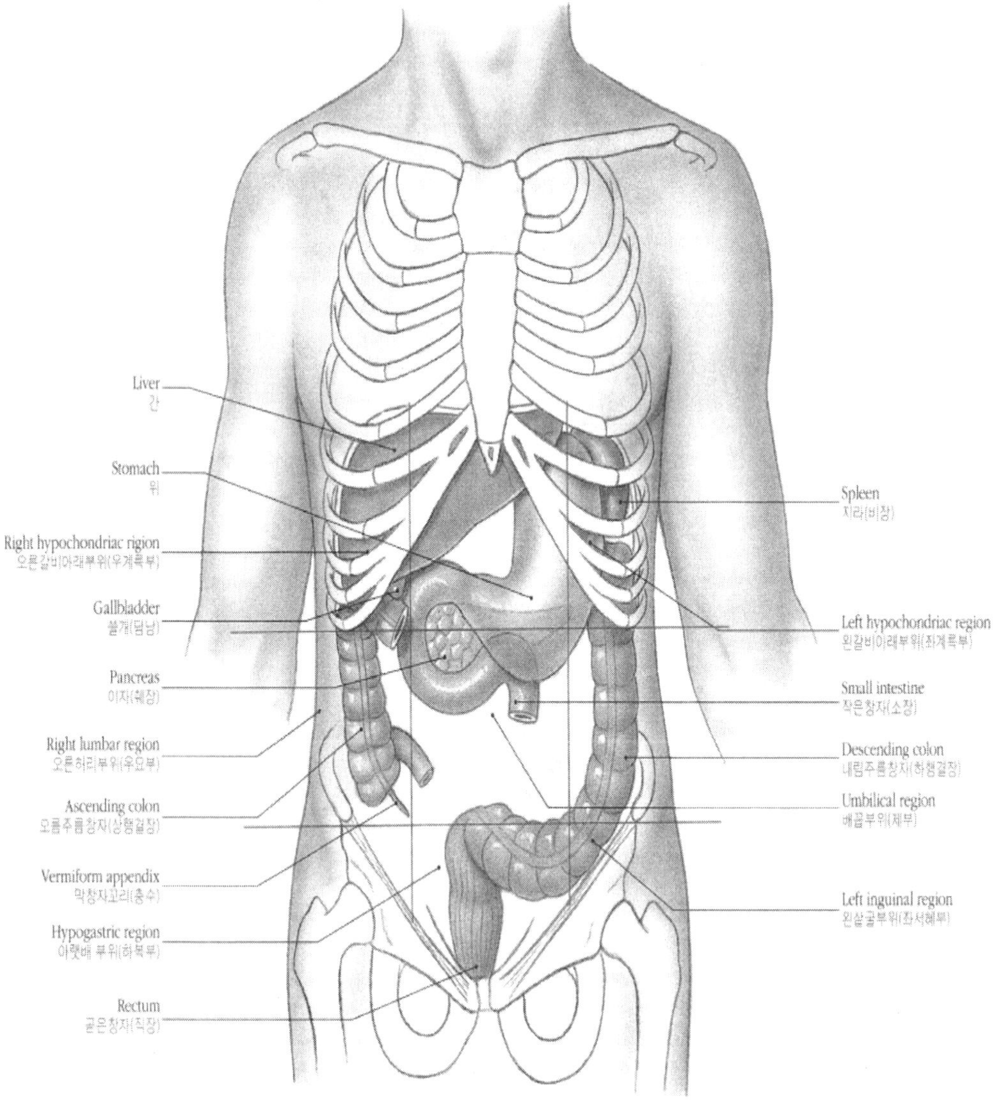

그림 2-1. 인체의 소화기관 (비주얼 아나토미, 2009)

2) 지방의 소화 흡수

췌장 지방분해효소 (pancreatic lipase)는 지방 소화에 가장 중요한 효소로서 중성지방을 monoglyceride와 지방산으로 분해시키는 작용을 하는 효소이며 췌장에서 분비되어 십이지장에서 작용한다.

소장에서는 지방이 담즙산염 (bile salt)과 혼합되어 췌장 지방분해효소의 작용에 의해 monoglyceride와 지방산으로 분해된다. 담즙산염은 지방과 monoglyceride가 쉽게 흡수되도록 유화 (emulsification)되어 미셀 (micelle)을 형성하는 작용을 한 후에 회장에서 98%정도 재흡수된다. 췌장에서는 cholesterol esterase와 phospholipase A가 분비되어 cholesterol ester와 phosphoglyceride를 가수분해 한다.

분해된 지방 (monoglyceride, 지방산, glycerol)은 소장의 점막세포에서 수동운반 된다. 단쇄지방산 (short chain fatty acid)과 중쇄지방산 (medium chain fatty acid)은 소장 점막 세포에서 간문맥으로 직접 흡수되어 혈장의 albumin과 결합하여 간으로 운반되지만 장쇄지방산 (long chain fatty acid)과 monoglyceride는 소장점막에서 중성지방으로 에스테르화 된 후에 콜레스테롤 및 다른 인지질과 함께 chylomicron을 형성한 후에 임파선을 통해 체내로 흡수되어 흉관 (thoracic duct)을 거쳐 조직으로 운반된다. chylomicron은 조직 내로 이동될 때에 혈관벽에 존재하는 지방분해효소 (lipoprotein lipase)에 의해 지방산으로 분해되어 조직으로 이동된다. 조직 내로 이동된 지방산은 에너지로 이용되거나 중성지방으로 합성되어 저장된다.

3) 단백질의 소화 흡수

단백질은 polypeptide, 더 작은 polypeptide, peptide의 순으로 분해되어 최종적으로는 아미노산으로 분해된다. 이 때 작용하는 분해효소는 위, 췌장 및 소장에서 분비되는 분해효소의 작용에 따라 그림 2-2와 같은 순서로 분해된다. 소장에서 소화된 아미노산은 소장 점막에서 능동수송에 의하여 흡수되며, 주로 십이지장과 공장에서의 흡수가 빠르게 일어난다.

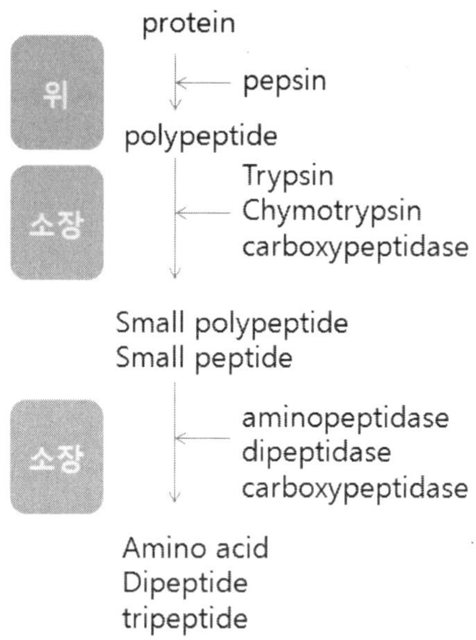

그림 2-2. 단백질의 작용부위에 따른 소화 흡수

3. 분비기능

1) 위 분비

위는 염산 및 펩신 (pepsin)이라는 단백질분해효소를 분비한다. 위는 염산으로 인하여 식후의 짧은 시간 이외에는 강한 산성 환경으로 되어 있다. 위분비는 미주신경 (vagus nerve) 및 가스트린 (gastrin)이라는 호르몬에 의해 조절된다. 공복 시의 위분비에 대한 연구에서 위산 분비능의 지표인 위산분비량 (위산량×위산농도)은 운동 중에는 변화가 없는 것으로 알려져 있다. 위산분비량의 저하는 운동 후에 나타나는 데 이때에 위산농도에는 변화가 없으나 위산량이 감소하는 것으로 나타났다. 따라서 운동 자체는 위산 분비능에 영향을 주지 않으나 운동에 의한 체액이나 전해질 소실에 의해 운동 후에 위산량이 감소하여 위액분비량이 감소하는 것으로 추측하고 있다. 또한 운동에 의한 위산 분비량의 감소는 가스트린의 영향을 받기보다는 운동에 의한 탈수의 영향도 크게 나타날 것으로 추측되고 있다. 따라서 운동에 의한 위산분비량의 감소는 주로 운동 강도가 높거나 운동시간이 길어지게 됨에 따라 혈류의 저하와 탈수현상이 발생하여 위산분비량이 감소할 것으로 생각된다.

따라서 위에서는 탄수화물과 지방의 소화는 거의 일어나지 않으며 주로 단백질의 소화가 일어나게 된다. 위 내로 음식물이 들어오면 gastrin 분비가 촉진되어 염산, 소화효소 및 위액의 분비를 자극한다. 염산은 pepsin을 활성화하여 단백질을 일부 소화시키는데 도움을 주는 기능을 한다.

표 2-3. 소화기관별 기능

소화기관	기 능
구강	• 치아에 의한 물리적 소화 • 타액분비량: 약 700-1,500㎖/ 일 • 소화효소: α-amylase (탄수화물 소화효소) • 음식물의 체류 시간: 1-5분
식도/위	• 식도: 단지 음식물의 통로기관임 • 위액분비량: 약 1-2ℓ • 연동작용: 3-4회/분 • 소화효소: pepsin (단백질 소화효소), 염산 • 음식물이 머무는 시간: 3-4시간
소장	• 장액분비량: 약 2.4ℓ • 췌장효소 - 단백질 소화효소: trypsin, chymotrypsin, carboxypeptidase, aminopeptidase - 탄수화물 소화효소: α-amylase - 지방 소화효소: lipase • 장액효소 - 단백질 소화효소: dipeptidase - 탄수화물 소화효소: maltase, lactase, sucrase • 담즙 분비량: 20-30g • 췌장액 분비량: 약 1.5ℓ
대장	• 음식물이 대장까지 도달하는 시간: 평균 18시간 • 음식물 섭취 후 배변까지 시간: 약 30-120시간 • 대장균의 양: 총 고형분의 약 1/3 • 세균 수: 약 10^9 마리, 약 100여종

2) 췌외분비

췌장의 역할은 소화효소 등을 십이지장에 분비하는 외분비와 인슐린 등의 호르몬을 혈액으로 분비하는 내분비의 역할로 나눌 수 있다.

췌장은 물과 중탄산염과 각종 소화효소를 분비한다. 췌장은 중탄산염 때문에 강알칼리의 성격을 지니고 있다. 췌외분비는 자율신경과 십이지장과 소장의 상부에 존재하는 호르몬인 secretin과 cholecystokinin (CCK)에 의해 조절된다. 이 중에 secretin은 물과 중탄산염을 자극하며 CCK는 효소분비를 자극하는 기능을 갖는다. secretin은 십이지장에 산성물질이 들어오게 되면 자극을 받아 유리되며, CCK는 산성물질, 지방과 단백질에 의해 자극되어 유리된다.

운동과 체외분비에 대한 관계를 연구한 결과를 보면 트레드밀에서 15분간 운동을 수행했을 때 췌액량과 중탄산염 분비량이 30-50% 감소한다고 알려져 있다. 그러나 운동은 단백질 분비에 대한 영향은 없는 것으로 나타났다. 장기간의 운동을 지속적으로 실시할 때에 나타나는 췌외분비의 변화에 대한 영향에 관해서는 운동의 직접적인 영향인지에 대해서 면밀하게 연구해 볼 필요가 있을 것이다.

3) 소화관 호르몬

마라톤 선수를 대상으로 2시간동안 달리게 하면서 일정한 시점에서 채혈하여 각종 호르몬을 측정한 결과, 소화관과 관련된 호르몬은 gastrin, vasoactive intestinal polypeptide (VIP), glucagon, pancreatic polypeptide (PP) 등은 상승하였다고 보고되고 있다. 그러나 장관 글루카곤, gastric inhibitory polypeptide (GIP)는 변화가 없었으며 운동 후에는 secretin의 상승이 있었다고 보고되고 있다.

운동 후에는 gastrin이 증가하여도 위분비가 증가하지 않는 것처럼 혈액 중의 소화관 호르몬이 증가하여도 표적기관의 기능이 영향을 받을 가능성은 매우 낮다. 따라서 운동 중의 혈중 호르몬의 변화는 이차적인 현상으로 나타나는 일이 많으며 호르몬 본래의 기능을 반영하는 것은 아닐 것으로 추측하고 있다.

4. 소화관의 운동기능

1) 식도의 기능

운동을 하게 되면 식도에서 혈류저하 현상이 관찰되는데 이는 운동이 식도의 연동운동저하를 초래했기 때문으로 추측하고 있다. 이러한 이유는 최대산소섭취량의 75%에서 45분간 운동을 하고 또한 90%의 운동강도에서 10분간 운동을 수행한 뒤의 식도의 연동운동이 빈도와 수축력이 저하되었으며 위산의 역류도 관찰되었기 때문이다. 위산 역류의 증가는 운동에 의해 타액의 연하운동이 감소하여 위산을 식도로부터 씻어내는 작용이 감소된 것도 하나의 이유가 될 수 있다. 운동 시에 가슴이 타는 듯한 느낌이 나는 이유는 위산의 역류증가가 원인이며 가벼운 증상인 경우에는 소량의 물을 마시면 증상이 좋아지지만 심한 경우에는 제산제의 복용이 필요한 경우도 있다.

2) 위 배출

위 배출 (gastric emptying)이란 음식물을 위에서 십이지장으로 수송하는 것을 의미한다. 위 배출은 음식물의 성상, 자율신경, 소화관호르몬 등에 의해 조절된다. 위 배출은 운동강도가 높은 경우는 지체되는 경우가 많다. 중등도 정도의 운동강도에서는 위 배출은 빠르게 진행되나 고강도 운동에서의 위배출시간은 늦어지게 된다. 위배출은 음식물의 성상에 관계없이 운동강도가 낮으면 촉진되고 운동강도가 높은 경우에는 지체된다. 운동강도의 경계는 최대산소섭취량의 70-80%정도가 일반적인 견해로서 이 이상의 운동강도는 위배출시간을 지체시키게 된다.

3) 소장 통과시간

소장의 통과시간은 소장의 수송기능의 지표가 된다. 일반적으로 소장의 통과시간은 식사의 형태가 유동식일 경우에는 60분 전후이며 고형식인 경우에는 3-7시간 정도 소요된다.

운동 시의 소장통과시간을 고형식을 섭취한 후 측정한 연구에서 VO_2max 70% 이하의 운동을 6시간 수행한 운동에서도 소장통과시간은 안정 시와 차이가 없었다고 알려져 있다. 또한 트레드밀을 이용한 걷기운동을 2%의 경사도에서 5.6km/hr의 스피드로 운동한 결과 소장의 통과시간이 촉진되었다는 보고도 있다.

소장통과시간은 소장의 연동운동과 밀접한 관계가 있으며 식후에는 약한 지속적인 연동운동이 관찰되지만 공복 시에는 약 100분에 1회의 빈도로 위나 십이지장에서 강한 수축력이 출현하여 하부의 장관에 전달하는 MMC (migrating motor complex)가 출현한다. 식후에 운동을 하게 되면 식후의 연동운동패턴이 중단되어 공복 시의 MMC와 같은 패턴이 나타나게 된다.

평소에 운동을 많이 한 사람들은 소장통과시간이 빠르다는 보고가 있다. 이러한 결과는 운동에 의한 효과라기보다는 운동에 의한 음식물섭취 증가에 소장이 소화흡수기능을 적응시켰을 가능성이 제기되고 있다.

4) 대장 통과시간

대장통과시간은 소화흡수가 거의 끝난 음식물의 잔여물 또는 대변이 대장을 통과하여 배출되는데 필요한 시간이다. 대장통과시간은 일내변동에 의한 차이가 크게 나타나기 때문에 비교 검토하는 것은 무리가 있다. 대장통과시간은 운동에 의해 빠르게 된다는 결과와 늦어진다는 결과 등 일치하지 않고 있다. 대장통과시간은 24시간 이상 되기 때문에 운동의 효과가 확실하지 않으며 식사의 질과 양의 영향이 크게 작용할 것이다.

5. 에너지 대사

영양소는 크게 유기영양소 (organic nutrient)와 무기영양소 (inorganic nutrient)로 구분한다 (표 2-1). 유기영양소는 탄수화물, 지방, 단백질, 비타민으로 분류되며 무기영양소는 무기질이 이에 포함된다. 영양소 중에 열량을 갖는 영양소는 탄수화물, 지방, 단백질로서 이들은 운동 중에 중요한 에너지로서 작용을 하게 된다. 근육의 수축 이완을 통한 운동을 위해 필요한 에너지원은 운동 시간대별로 분류를 하게 되면 10초 이하의 매우 짧은 운동시간에 필요한 에너지원, 2분 전후의 비교적 짧은 운동시간에 필요한 에너지원, 그리고 5분 이상의 운동시간에 필요한 에너지원 등의 세 가지로 분류하게 된다.

본 장에서는 운동시간대 별로 분류되는 1) ATP-PC 시스템, 2) 무산소성 해당과정, 3) 유산소 운동 대사로 나누어 운동 중의 에너지 대사에 대하여 논의하기로 한다.

1) 무산소성 에너지 대사

(1) ATP-PC 시스템

매우 빠른 시간 내에 즉시 에너지원으로 사용할 수 있는 체내에 존재하는 에너지로서는 근육에 저장되어 있는 ATP (adenosine triphosphate)와 크레아틴인산 (CP: creatine phosphate)이 존재한다. 이러한 운동에너지 대사체계를 ATP-PC시스템이라고 하며 이 에너지 대사를 통해서 이루어지는 대표적인 운동의 종류로서는 역도, 창던지기, 넓이뛰기, 100M 달리기와 같은 단거리 등의 높은 파워를 필요로 하는 운동이 포함된다. ATP-PC시스템에 이용되는 효소는 CK (creatine kinase)와 AK (adenylate kinase)의 두 가지가 있으며 이 두 효소는 골격근 내에서 고농도로 존재하고 있다.

$$\text{CP} + \text{ADP} \leftrightarrow \text{ATP} + \text{creatine}$$

이 대사과정에서는 creatine kinase의 작용에 의하여 CP와 ADP (adenosine diphosphate)가 ATP와 creatine으로 변화한다. CK는 근육 내에 존재하며 특히 근육의 수축성 필라멘트에 고농도로 존재하여 운동 중에 ADP가 형성되면 CP를 분해하여 형성된 무기인산 (Pi: inorganic phosphate)이 ADP와 결합하여 ATP를 형성하는데 이 반응은 근육이 피로하여 ATP-PC시스템의 대사가 끝날 때까지 이루어진다.

ATP-PC시스템에서 또 하나의 중요한 효소는 AK (adenylate kinase)라는 효소이다.

$$\text{ADP} + \text{ADP} \leftrightarrow \text{ATP} + \text{AMP}$$

AK는 ATP를 생산하는 데도 이용되는 효소이지만 보다 중요한 운동생리학적 작용은 ATP-PC시스템 이후에 일어날 수 있는 글리코겐 (glycogen)의 분해 및 해당작용 (glycolysis)이 일어날 수 있도록 촉매 하는 작용을 한다. 실제 AK의 작용에 의해 형성된 AMP (adenosine monophosphate)의 근육 세포내에서의 농도가 높아지게 되면 phosphorylase와 PFK (phosphofructokinase)의 효소활성이 증가되어 각각의 작용에 의해 글리코겐 분해 및 해당과정이 시작 된다 (그림 2-3).

ATP-PC시스템에 의한 운동능력을 증가시키기 위해서는 근육 내에 ATP의 저장과 ATP-PC시스템에 관련되는 효소인 AK와 CK의 작용이 증가될 수 있는 트레이닝과 적절한 영양보급이 필요하다.

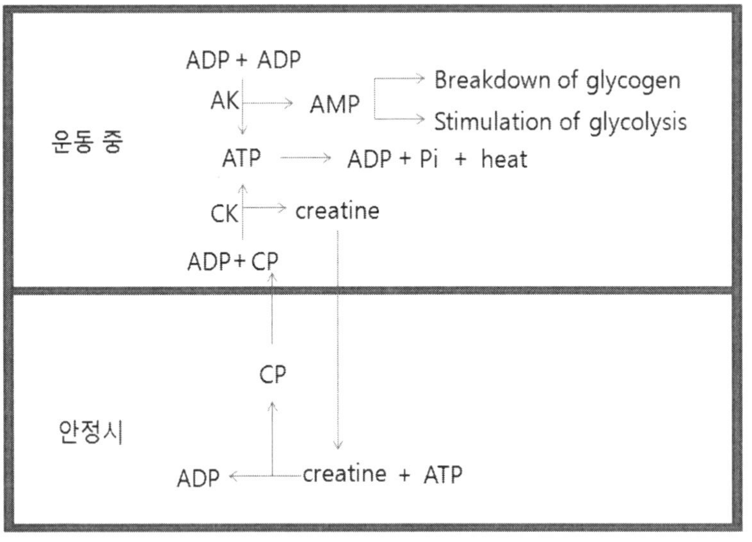

그림 2-3. ATP-PC 시스템의 모식도

AK: adenylate kinase, CK: creatine kinase, CP: creatine phosphate, AMP: adenosine monophosphate, ADP: adenosine diphosphate, ATP: adenosine triphosphate

(2) 무산소성 해당과정

무산소성 해당과정의 자세한 설명은 제 3장의 탄수화물과 운동에서 설명하기로 하고 여기서는 무산소성 해당과정의 운동생리학적 의미에 대해서 간단히 논하기로 한다. 무산소 운동은 ATP-PC시스템과 마찬가지로 산소를 사용하지 않고 운동을 하는 과정으로서 에너지원을 탄수화물에 의존하는 운동대사이다. 따라서 무산소성 해당과정은 포도당을 젖산으로 분해하는 과정으로서 산소를 사용하지 않고 세포질에서 일어나는 대사이다.

무산소성 과정에 의해 획득되는 ATP는 2분자이며 이러한 운동대사가 이루어지는 운동시간은 약 30초에서 2분 정도의 비교적 짧은 시간 내에 이루어지게 된다. 무산소성 해당과정의 운동유형은 파워형의 운동 형태로서 200-400m 단거리 달리기, 100m 수영, 단거리 스케이트 등의 운동이 무산소성 해당과정에 의해서 가능한 운동 종목들이다.

만약에 운동시간이 더 길어지게 되면 무산소성운동대사에 의한 ATP획득은 어려워지므로 운동강도가 계속적으로 강하게 지속되면 근세포질에 축적되는 젖산에 의해 운동이 중지되며 비교적 중강도의 운동을 지속하게 되는 경우에는 산소의 도움을 받아 미토콘드리아 내에서 유산소 운동에 의존하여 에너지를 획득하는 과정을 거치게 된다.

2) 유산소성 에너지 대사

유산소성 에너지 대사에 이용되는 에너지원은 탄수화물, 지방, 단백질 등이다. 그림 2-4에서 이러한 3대 영양소의 에너지 획득과정에 대하여 간단하게 모식도로 나타내었다.

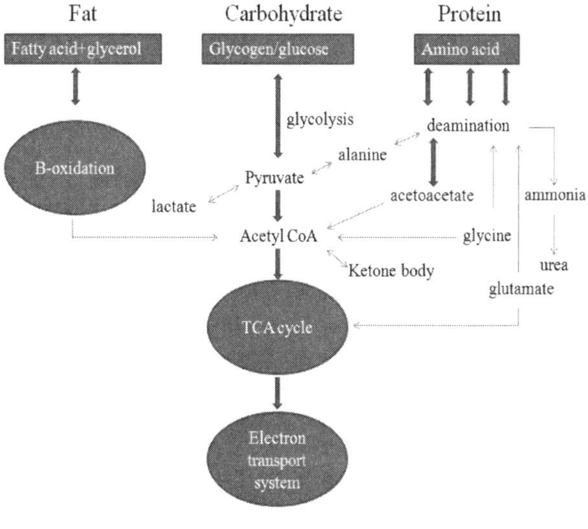

그림 2-4. 3대 영양소의 에너지 대사경로 모식도

ATP를 생산하는 대사과정 중에 산소를 이용하는 대사과정이 모든 과정 중에 가장 나중에 일어나게 된다. 산소를 필요로 하는 에너지 대사과정은 미토콘드리아의 전자전달계에서 산소를 사용하면서 수소운반체가 산화됨에 따라 ATP를 생성하게 된다. 수소운반체 (NADH, 환원형은 NAD)의 공급은 지방산 산화 및 TCA회로에서 acetyl CoA의 산화에 의해 증가하게 된다.

탄수화물은 충분한 산소가 공급될 때에 pyruvate에서 acetyl CoA로 전환되어 TCA회로에서 완전히 산화되는 과정을 거치게 된다. 예를 들어 포도당 한 분자가 미토콘드리아 내에서 완전히 산화되어 에너지를 획득하는 과정을 거치게 되면 이 대사를 통해 얻어지는 총 ATP의 수는 38개가 된다 (표 2-4).

지방은 체내에서 triacylglycerol의 형태로 존재하는 데 지방산과 글리세롤로 분해되어 글리세롤은 해당계로 들어가며 지방산은 β-산화과정을 거쳐 acetyl CoA로 전환된 뒤에 TCA회로에서 산화과정을 거치게 된다. 포도당 한 분자가 유산소성에너지 대사에 의해 획득되는 ATP는 38개지만 지방은 그 보다 훨씬 많은 에너지를 보유하고 있다. 이는 지방산이 갖고 있는 탄소의 사슬수와 관계가 깊다. 포도당 한 분자가 분해되어 크렙스 회로에 들어가는 과정은 2회에 불과하지만 긴 탄소사슬을 갖고 있는 지방산은 포도당 보다 훨씬 많은 크렙스 회로과정을 거치게 되어 탄수화물 보다 많은 에너지를 획득하게 되는 것이다. 예를 들어 지방산의 한 종류인 stearic acid의 경우 탄소가 18개 연결되어 있는 지방산으로서 지방대사에서만 독특하게 갖고 있는 β-산화과정을 8회 거치게 되며 이후에 연속적으로 크렙스 회로와 전자전달계를 또한 8회 동안 이어지는 대사과정으로 이루어져 있으므로 총 획득되는 ATP는 147개가 되어 탄수화물에 비해 훨씬 많은 양의 에너지를 획득하게 되는 것이다.

단백질은 이화작용에 의해 아미노산으로 분해된 다음에 pyruvate나 acetoacetate의 형태로 전환된 다음에 마지막으로 acetyl CoA로 전환되어 TCA회로를 들어가 산화적 대사과정을 거치게 된다.

따라서 탄수화물, 지방, 단백질 등이 유산소성 에너지 대사를 거치게 되는 과정은 모두 미토콘드리아 내에서 일어나게 되며 공통적으로 크렙스 회로와 전자전달계의 과정을 거치게 된다.

무산소성 대사과정은 격렬하거나 파워형의 운동유형에 동원되는 에너지 대사인 반면에 유산소성 대사과정은 운동강도는 상대적으로 낮으나 장시간의 운동을 요하는 운동형태에 적합한 운동대사이다. 예를 들면 장거리 육상, 장거리 수영, 등산 등의 운동형태에 동원되는 에너지 대사이다.

지방과 단백질의 운동 중의 에너지 대사에 대한 자세한 과정은 제4장 지방과 운동 및 제 5장 단백질과 운동에서 자세하게 설명하였다.

표 2-4. 포도당 한 분자가 분해 시 획득되는 ATP의 총량

반응단계	ATP 생성수
1. 세포질에서의 해당작용	
1) 포도당의 인산화	-1
2) fructose-6-phosphate의 인산화	-1
3) 1,3-DPG 2분자의 탈인산화	+2
4) phosphoenolpyruvate 2분자의 탈인산화	+2
5) glyceraldehyde 3-phosphate 2분자의 NADH 형성	
2. pyruvate에서 acetyl CoA로의 전환과정	
1) 2분자의 NADH 형성	
3. Kreb's cycle 과정	
1) succinyl CoA 2분자로부터 형성되는 2분자의 GTP	+2
2) isocitrate, α-ketoglutarate, malate 각각 2분자의 산화에 의해 형성된 6분자의 NADH	
3) succinate 2분자의 산화에 의해 형성된 2분자의 $FADH_2$	
4. 산화적 인산화과정	
1) 해당작용에서 생성된 2분자의 NADH	+6
2) pyruvate의 decarboxylation에 의해 생성된 2분자의 NADH	+6
3) Kreb's cycle에서 생성된 2분자의 $FADH_2$	+4
4) Kreb's cycle에서 생성된 6분자의 NADH	+18
총 ATP획득수	+38

3) 운동 중 에너지대사조절에 미치는 요인

(1) 근섬유 형태

운동의 형태에 따라 동원되는 근섬유의 형태도 달라진다. 빠르고 격한 파워형의 운동을 주로 하게 되는 무산소운동 시에 동원되는 근섬유는 주로 typeⅡ이며 수축력은 상대적으로 낮지만 장시간의 운동을 요구하게 되는 유산소운동 시에는 주로 typeⅠ근섬유가 동원된다. 근섬유의 특성에 따른 차이에 의해 대사조절의 차이가 나타나게 되는 것이다. 즉, 근 섬유 조성 형태의 차이는 개인차에 따른 운동강도 및 시간을 결정지을 수 있는 요인이 될 수 있다.

(2) 운동강도 및 시간

운동강도 또한 운동의 대사요인을 결정짓는 중요한 요인이 된다. 운동강도가 높은 경우에는 무산소성대사에 의해 운동이 일어나게 되며 운동강도가 낮고 장시간의 운동이 필요한 경우에는 유산소성 운동 대사에 의해 에너지가 공급되게 된다. 따라서 운동강도의 차이는 에너지원을 결정하는 중요인 요인이 될 수 있다.

(3) 호르몬의 영향

다양한 호르몬 중에 에피네프린 (epinephrine)은 근육에서의 글리코겐 분해 및 지방조직으로부터 지방산의 유리를 촉진시키는 작용을 한다. thyroxine은 지방조직으로부터 지방산유리를 촉진시켜 산화적 인산화와 관련 있는 산소소비량을 증가시키는 작용을 한다. 또한 성장호르몬 (growth hormone)은 혈중의 지방산을 증가시키거나 근육에서 아미노산 섭취를 촉진시키는 작용을 한다고 알려져 있다. 반대로 인슐린 (insulin), 테스토스테론 (testosterone), 항이뇨 호르몬 (ADH: antidiuretic hormone)은 휴식기나 운동 후의 회복기에 주로 작용하는 것으로 알려져 있다.

(4) 식사의 영향

식품 내의 지방과 당질의 비율이나 운동 중의 당질 섭취는 운동 중의 기질 이용도에 중요한 영향을 미치게 된다. 기질 이용의 용이도는 운동을 위한 에너지의 선택에 영향을 미칠 수 있는 하나의 원인이 된다. 고당질식은 간장이나 근육의 글리코겐 농도를 유지하거나 증가시켜 운동 중에 당질로부터 에너지 생산의 비율도 증가시키게 된다. 절식 (starvation)이나 고지방식은 혈중의 유리지방산 농도를 증가시키며 이것은 유리지방산의 이용율을 결정하는 인자이며 산화적 대사에서 지방의 상대적 기여도를 증가시킨다.

에너지 대사율에 있어 많은 보효소는 체내에서는 합성이 되지 않는 비타민 유도체의 종류들이다. 이러한 비타민류의 결핍은 운동능력을 저하시켜 운동 중의 기질이용도에 영향을 미치게 된다. 비타민 B_{12}와 엽산은 골수에서 적혈구의 정상적인 생산에 필요한 물질이며 결핍되면 혈액의 산소운반능력을 저하시켜 운동 중의 무산소적 대사에 의존하는 비율을 증가시키게 된다. 미네랄도 중요한 물질로서 예를 들어 철은 산소를 운반하는 기능을 하는 헤모글로빈의 중요한 구성요소로서 철의 결핍은 혈액의 산소운반능력을 저하시키게 된다.

(5) 운동 트레이닝

트레이닝에 의한 근육의 적응도 기질이용에 중요한 영향을 미치게 된다. 지구성 트레이닝은 미토콘드리아 및 모세혈관의 밀도를 증가시켜 type Ⅰ 섬유의 상대적 횡단면적 (cross sectional area)을 증가시키고 근육 내의 triacylglycerol의 농도를 증가시켜 최대하 강도에서 운동 시에 에너지원으로서 지방의 이용능을 증가시킨다. 트레이닝을 많이 한 사람은 운동 중의 에너지원으로서 근육 중에 축적된 지방의 의존도가 높다는 사실이 알려져 있다. 이러한 영향이나 또 다른 트레이닝에 동반한 운동생리학적 영향에 의해 근육의 글리코겐이나 혈당의 이용도가 감소하여 최대하 강도에서 운동 중의 젖산 축적율을 감소시키게 된다. 이러한 트레이닝에 의한 적응은 트레이닝 후의 전신지구력의 현저한 개선에 도움이 된다.

(6) 기호품

카페인은 지방조직으로부터 유리지방산의 동원을 증가시켜 혈중의 유리지방산 농도를 증가시킨다. 따라서 충분한 양의 카페인 섭취는 중등도의 유산소 운동 시에 근육 내의 글리코겐을 절약시키는 효과가 있으며 장시간 동안 운동을 지속할 수 있는 효과를 가져다준다. 반대로 니코틴의 투여는 카페인과는 반대의 작용을 하여 지구성 운동에는 부정적인 결과를 초래하게 된다.

(7) 호르몬의 영향

운동 중에 인슐린, 글루카곤 (glucagon), 카테콜아민 (catecholamine) 사이의 상호작용이 에너지 기질을 쉽게 이용할 수 있도록 작용을 하게 된다. 또한 코티졸 (cortisol)과 성장호르몬도 에너지대사에 영향을 미치는 호르몬의 일종으로 알려져 있다.

(8) 환경적 요인

고온 환경이나 탈수는 운동능력을 저하시키며 운동 중의 에너지 기질이용도에도 영향을 미치게 된다. 근육 내 글리코겐 이용율의 상승과 혈중 젖산농도의 상승은 고온환경 (41℃)에서 최대산소섭취량의 70-85%의 강도로 운동 시에 관찰된다고 보고되고 있다. 이것은 피부 및 전신혈류량의 감소에 동반한 활동근으로의 혈류량의 감소에 의해 발생된다. 근육으로의 산소공급의 감소는 목표한 운동강도를 유지하기 위해서는 유/무산소적 대사의 양방향에 의한 기질이용의 의존비율을 증가시켜야 된다.

저지대 보다 대기의 산소분압이 낮은 고지에서의 운동 또한 활동근으로의 산소공급이 감소하여 고강도운동 중에 당질 및 무산소적 에너지 기질로부터의 에너지 공급의 비율이 증가할 것이다.

Memo

Memo

제 3장. 탄수화물과 운동

1. 탄수화물의 정의 및 분류

1) 탄수화물이란?

지구상에서 가장 풍부한 생명 분자인 탄수화물 [$(CH_2O)n$]은 탄소 (C), 산소 (O), 그리고 수소 (H)를 포함한 유기물로서 탄소:수소:산소가 1:2:1의 비율로 구성된다. 가장 전형적인 당분자인 글루코스 (포도당) 분자는 6개의 탄소, 12개의 수소, 6개의 산소 원자로 구성 된다 ($C_6H_{12}O_6$). 탄수화물은 당질이라고도 하며 주로 자연계에 널리 분포된 식물성 자원으로부터 섭취하게 된다. 탄수화물은 식물체에 의해 공기 중의 이산화탄소 (CO_2) 및 토양 중의 물 (H_2O) 그리고 태양 에너지를 이용하여 녹색식물에 존재하는 엽록소 (chlorophyll)에서 광합성 작용 (photosynthesis)을 통하여 합성된다. 이와 같이 합성된 탄수화물은 사람이 소비하는 에너지의 절반 이상을 담당하고 있으며, 우리나라 사람들의 식사 중 총 섭취열량의 60% 이상을 차지하는 주된 열량 영양소이다.

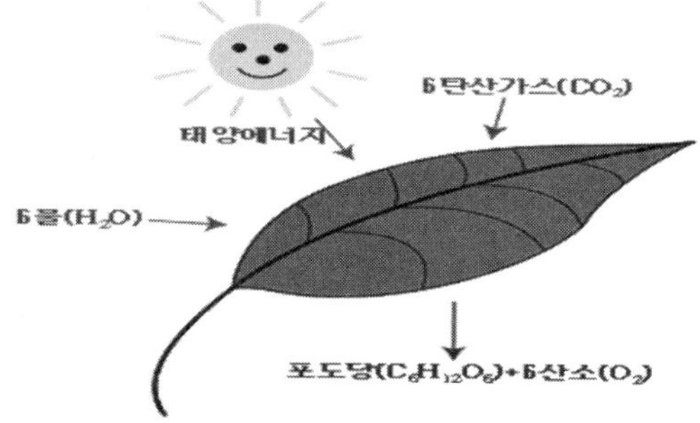

그림 3-1. 광합성에 의한 탄수화물의 합성

2) 탄수화물의 분류

탄수화물이 가수분해에 의해 더 이상 분해되지 않는 당을 단당류 (monosaccharide)라 하며, 탄소의 수에 따라 3탄당 (triose), 4탄당 (tetrose), 5탄당 (pentose), 6탄당 (hexose), 7탄당 (heptose)으로 분류한다.

단당류가 2개 결합한 당을 이당류 (disaccharides), 단당류가 3-10개 결합한 당을 올리고당류 (oligosaccharides)라고 하며, 보통 3,000개 이상의 단당류가 결합한 당을 다당류 (polysaccharides)라고 한다.

(1) 단당류 (monosaccharides)

단당류란 산·알칼리·효소 등에 의해 더 이상 가수분해 되지 않는 간단한 구조를 가진 탄수화물을 말한다. 단당류는 자연계에 널리 분포하고 있으며 가장 일반적인 단당류는 포도당 (glucose), 과당 (fructose), 갈락토오스 (galactose)가 있다. 이러한 단당류는 육탄당으로 6개의 탄소를 가지고 있으며, 분자량과 일반 분자식이 $C_6H_{12}O_6$로 모두 같지만 산소와 수소의 결합위치에 따라 분자의 모양과 맛이 다르게 나타난다.

① 포도당 (glucose) : 체내 당 대사의 중심물질로서 생체계의 가장 기본적인 에너지 급원이다. 채소나 과일에 많고 특히 포도의 액즙에 많이 함유되어 있어 포도당이라고 한다. 또한, 동물의 혈액 내에 들어있는 당질인 포도당을 혈당이라고 한다. 포도당은 인체 모든 세포의 에너지원인 동시에 뇌·신경세포의 유일한 에너지원으로서 중요하다.

② 과당 (fructose) : 과일과 꿀 속에 자연적인 형태로 다량 함유되어 있으며, 단당류 가운데 단맛이 가장 강하다. 일부 과당은 소화관을 통해 직접 혈액 중으로 흡수되지만, 나머지는 인슐린의 영향을 받지 않고 모두 간에서 포도당으로 서서히 전환된다.

③ 갈락토오스 (galactose) : 유즙을 함유한 이당류인 유당 (lactose)의 구성성분으로 자연계에 단독으로 존재하지 못하고 포도당과 결합하여 유당 형태로 존재한다. 단당류 중에서도 흡수율이 가장 높아 포도당을 100으

로 할 때 과당은 43, 갈락토오스는 110이다. 한편, 갈락토오스는 단당류 중 단맛이 가장 약하며 간에서 포도당으로 전환된다.

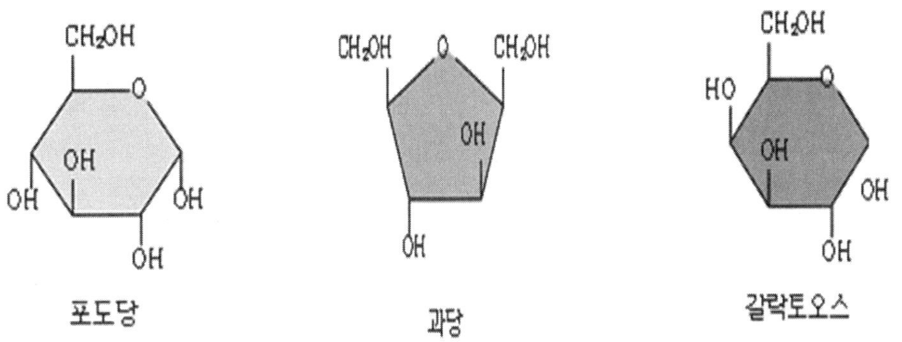

그림 3-2. 단당류의 화학 구조

(2) 이당류 (disaccharides)

가수 분해될 때 두 개의 구성단위로 분해되는 당류, 즉 두 개의 단당류를 형성하는 당류를 이당류라고 하며, 여기에는 설탕 (sucrose=자당), 맥아당 (maltose), 유당 (lactose)등이 있다.

① 설탕 (sucrose=자당) : 포도당과 과당이 결합한 당으로서 채소나 과일의 액즙에 많고 특히 사탕수수, 사탕무 속에 많이 함유되어 있어서 공업적으로 설탕을 만드는 원료로 이용되고 있다.

② 맥아당 (maltose) : 자연계의 식품에는 거의 존재하지 않으며 보리에서 맥아 발아 시, 그리고 전분의 가수분해 시 생성된다. 맥아당은 2분자의 포도당으로 구성되며 밥을 오래 씹으면 타액 중에 있는 효소 프티알린 (ptyalin)에 의해 전분이 분해되어 맥아당이 생성되므로 단맛이 난다.

③ 유당 (lactose) : 유당은 포도당과 갈락토오스가 결합한 당이다. 동물의 젖 속에 많으며 단맛은 적다. 유당은 물에 잘 녹지 않고 소화도 느리며 장내에서 유용한 세균의 발육을 왕성하게 하여 대장기능을 정상적으로 작용하게 하고 칼슘의 흡수와 이용률을 향상시키는 기능을 갖고 있다.

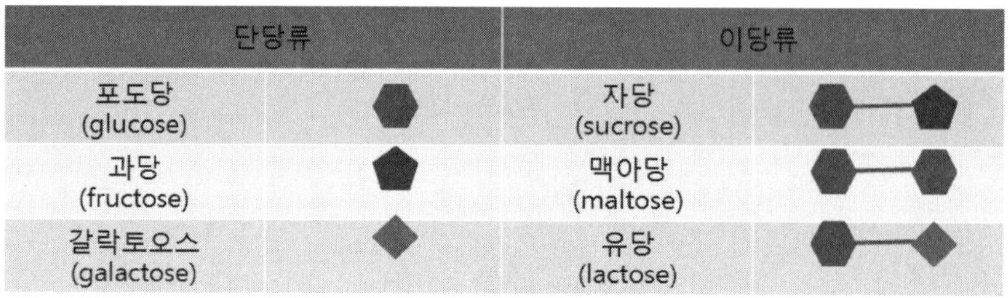

그림 3-3. 이당류의 결합형태

(3) 올리고당류 (oligosaccharides)

올리고당은 3개 이상 5-6개의 단당류로 구성된 당류이며 당단백질이나 당지질의 구성성분으로서 세포내에서는 주로 생체막에 부착되어 있고, 소포체와 골지체 등의 분비형 단백질과 결합되어 있다. 올리고당은 분해되지 않은 상태로 장에 도착해서 세균에 의해 발효되며, 장내 세균총의 성장을 촉진하여 변비 및 장 건강에 관여한다. 또한 충치를 예방하는 효과가 있으며 최근에는 기능성 식품의 소재로도 활용되고 있다.

(4) 다당류 (polysaccharides)

다당류는 에너지의 저장 형태이거나, 식물의 구조를 형성하는 물질로 가수 분해될 때 많은 수의 단당류가 형성되는 당류이다. 복합탄수화물로 불리는 다당류는 소화성 다당류 (녹말, 글리코겐 등)와 난소화성 다당류 (식이섬유소)로 구분된다.

① 전분 (starches) : 대표적인 식물의 저장용 탄수화물이며 식물이 성장하면서 포도당이 중합하여 형성되고, 결합 형태에 따라 아밀로오스와 아밀로펙틴의 두 종류로 구분된다. 아밀로오스 (amylose)와 아밀로펙틴 (amylopectin)이 약 1:4로 존재하며 아밀로오스는 포도당이 α -1,4 결합으로 연결된 사슬구조이며 아밀로펙틴은 α -1,4 결합의 사슬구조에 α -1.6 가지 결합하여 있으며 곡류, 두류, 감자류에 많이 함유되어 있다.

② 글리코겐 (glycogen) : 동물의 저장용 탄수화물로 동물의 근육조직과 간에 소량 존재한다. 포도당이 α-결합으로 중합된 다당류이며, 아밀로펙틴

과 구조는 유사하나 분지가 훨씬 더 많다. 간장에 저장된 글리코겐은 혈당유지에 주된 역할을 하며, 근육의 글리코겐은 근육의 에너지원으로 이용된다.

③ 식이섬유소 (dietary fiber) : 식물 체세포의 세포벽을 구성하는 성분으로 인체에는 β-1,4 결합을 분해할 효소가 없기 때문에 소화흡수가 되지 않는다. 식물의 종류와 성숙도에 따라 함량과 종류가 다르며 기능에 따라 수용성과 불수용성 식이섬유로 구분된다. 에너지원으로는 사용되지 못하지만 장벽을 자극하여 장의 연동작용을 촉진하고 섭취한 음식물의 부피를 증가시켜 배변기능을 도와주는 기능을 갖고 있다 (표 3-1).

표 3-1.식이섬유의 종류에 따른 차이비교

	기원	영양분류	종류	급원식품	생리적 기능
불수용성 식이섬유	세포벽의 구조물질	비당질성 당질 당질	그리닌 셀룰로스 헤미셀룰로스	채소, 현미, 밀, 보리 채소, 곡류	불분명소화관 내의 체류시간단축 대변의 양 증대
수용성 식이섬유	비구조 당질	당질 당질 당질	펙틴 검 해조다당류	과실류(감, 귤, 사과) 귀리, 보리, 콩류 해조류	만복감 부여 포도당 흡수지연 혈청 콜레스테롤 저하

2. 탄수화물의 생리적 기능

1) 에너지 공급

탄수화물의 가장 주된 기능은 에너지를 공급하는 것이다. 세포로 공급된 포도당은 즉시 사용하지 않을 때는 간과 근육에서 글리코겐의 형태로 합성되어 저장되어 있으며, 우리 몸이 에너지를 요구할 때에는 포도당으로 전환되어 에너지를 공급하게 된다. 간에 저장된 글리코겐은 빠르게 사용될 수 있는 혈당을 제공하며, 근육에 저장된 글리코겐은 주로 격렬한 운동이나 단기간의 절식에 의해서 고갈된다. 한편, 탄수화물은 1g 당 4kcal의 에너지를 공급하며, 하루에 섭취하는 총에너지의 60-70% 정도를 차지한다.

2) 단백질 절약작용

신체는 항상 일정 수준의 혈당을 유지하려고 하는 항상성을 갖고 있으나 탄수화물의 섭취량이 부족할 경우, 혈당은 저하된다. 이때, 단백질로부터 포도당을 합성하여 혈당을 일정하게 유지하게 되는데 일반적으로 체내에서 단백질을 에너지원으로 사용할 정도로 탄수화물이 부족한 상태는 반 기아상태나 장시간 운동으로 체내에 저장된 글리코겐이 고갈된 상태이다. 이러한 탄수화물 저장량의 고갈을 대신하여 체내활동을 계속할 수 있도록 에너지를 제공해 주는 과정을 당원신생과정 (gluconeogenesis)이라하며 순간적으로 단백질 (특히 근육단백질)을 많이 감소시키는 작용을 하게 된다. 따라서 탄수화물을 적절하게 섭취하는 것은 조단백질 유지에 도움을 주며 근육, 간, 신장, 심장 등 여러 기관에 있는 단백질이 분해되어 포도당 합성에 사용되는 것을 억제할 수 있어 단백질을 절약할 수 있다.

3) 지방의 불완전 산화방지

체내에서 지방질이 산화되어 에너지를 생성할 때도 탄수화물이 필요하게 된다. 만일 탄수화물 섭취량이 매우 적다면 지방이 분해될 때 완전히 산화되지 못하고 케톤체 (ketone body)가 만들어 지는데, 이들이 혈액과 조직에 많이 축적되어 케톤증 (ketosis)을 유발한다.

4) 혈당유지

뇌세포, 신경세포 등 중추신경계는 주로 포도당을 에너지원으로 사용하여 신경 조직의 기능을 유지시켜 주고, 신진 대사가 정상적으로 이루어지도록 해 준다. 따라서 우리 몸은 혈액 중에 포도당을 항상 0.1%를 보유하고 있어야 정상적인 상태를 유지할 수 있다.

혈당은 간에서 여러 호르몬의 작용에 의하여 조절 유지되고 있는데, 뇌의 유일한 에너지원이 포도당이기 때문에 혈당이 저하되면 뇌에 에너지원 공급이 원활하지 못해서 뇌 기능이 저하되고 심하면 사망을 초래하게 된다.

5) 장내 운동성 증진

식이섬유질은 장내에서 물을 흡수하여 음식물을 부드러운 형태로 만들고 이것이 소화기관의 평활근 수축을 자극하여 장내에서 음식물 이동이 쉽게 되도록 연동운동을 돕는 역할을 하여 장내 운동성을 증진시킨다.

3. 탄수화물의 소화 및 흡수

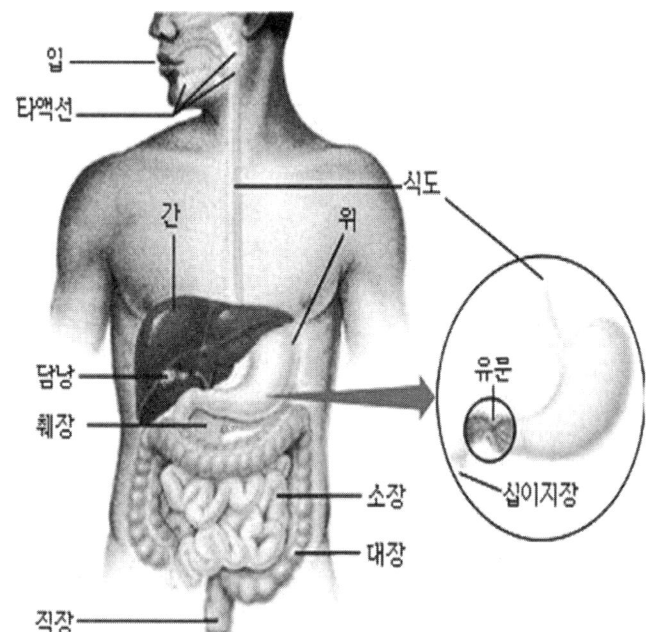

그림 3-4. 인체의 소화기계

탄수화물의 소화는 입에서부터 시작된다. 침샘에서 분비되는 소화효소인 아밀라제 (salivary amylase)는 전분을 덱스트린이나 맥아당으로 분해시킨다. 아밀라제는 위에서 불활성 상태가 되며 더 이상 소화는 일어나지 않으나 위액 중의 염산이 소량의 자당을 포도당과 과당으로 분해시키기도 한다. 소장에서는 췌장에서 분비되는 아밀라제 (pancreatic amylase)가 전분을 덱스트린으로 분해하고 다시 이당류인 맥아당으로 분해한다. 이당류들은 소장의 점막세포에 있는 이당류 분해효소들 (말타제는 맥아당을 포도당 2분자로, 수크라제는 자당을 포도당과 과장으로, 락타제는 유당을 포도당과 갈락토오스로 분해)에 의해 단당류가 되어 소장의 융모에서 능동적 운반 (active transport)과 수동적 확산 (passive diffusion)에 의해 흡수된다. 소화되지 못한 섬유소는 최종적으로 대장으로 들어가 장내 박테리아에 의해 일부 분해되고 나머지 물질들은 배설된다. 흡수된 단당류는 문맥 (portal vein)을 통해 간으로 운반되며 간에서 다른 단당류들은 포도당으로 전환된다. 간으로 운반된 단당류 중 일부는 간의 에너지원으로 사용되며, 나머지 단당류들은 포도당의 형태로 혈액으로 이동된다.

4. 탄수화물의 대사

소화관에서 흡수된 탄수화물은 락토오스와 과당이지만 이들은 간에서 포도당으로 전환된 후 포도당과 동일과정으로 대사되므로 흡수된 탄수화물을 포도당이라고 한다. 포도당은 체내의 주된 에너지원으로 세포 속에서 대사되어 최종적으로 CO_2와 물, 그리고 ATP를 생성한다. 골격근은 포도당을 에너지원으로 이용하는 주된 조직이며 휴식상태에서도 포도당을 이용한다. 또한 골격근은 포도당을 분해하고 일부는 글리코겐으로 전환하여 저장된다.

지방세포도 포도당을 주된 에너지원으로 사용한다. 식후에 포도당은 중성지방 (triglyceride)로 전환되며 이러한 반응은 포도당이 glycerol과 acetyl CoA로 전환되어 가능하다. 간으로 유입된 포도당은 글리코겐으로 저장되거나, 글리세롤이나 지방산으로 변환되어 중성지방으로 저장된다.

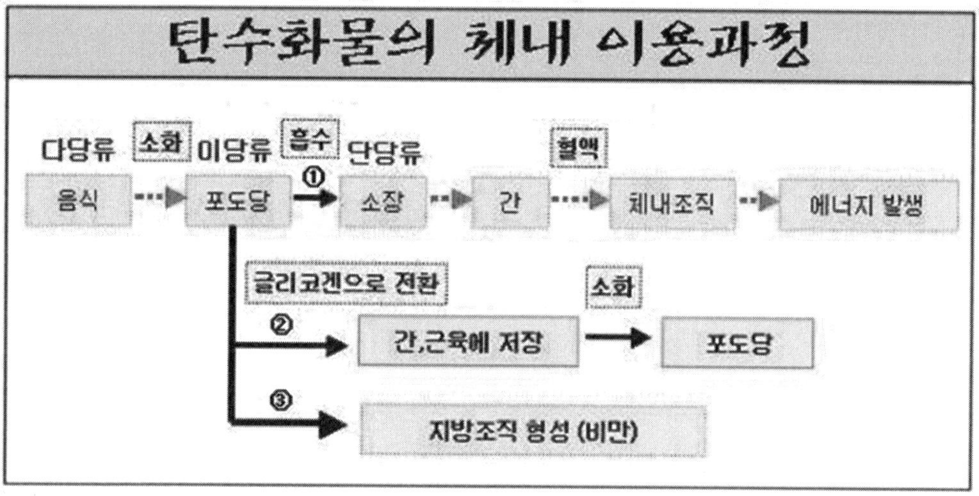

그림 3-5. 체내 탄수화물의 이용과정

포도당은 무산소성 대사과정에서는 해당과정에 의해서 ATP를 형성하지만 유산소성 운동 시에는 해당과정 이후에 TCA 회로, 전자전달계를 거치면서 고에너지화합물인 ATP (adenosine triphosphate)를 생성하게 된다.

1) 해당과정

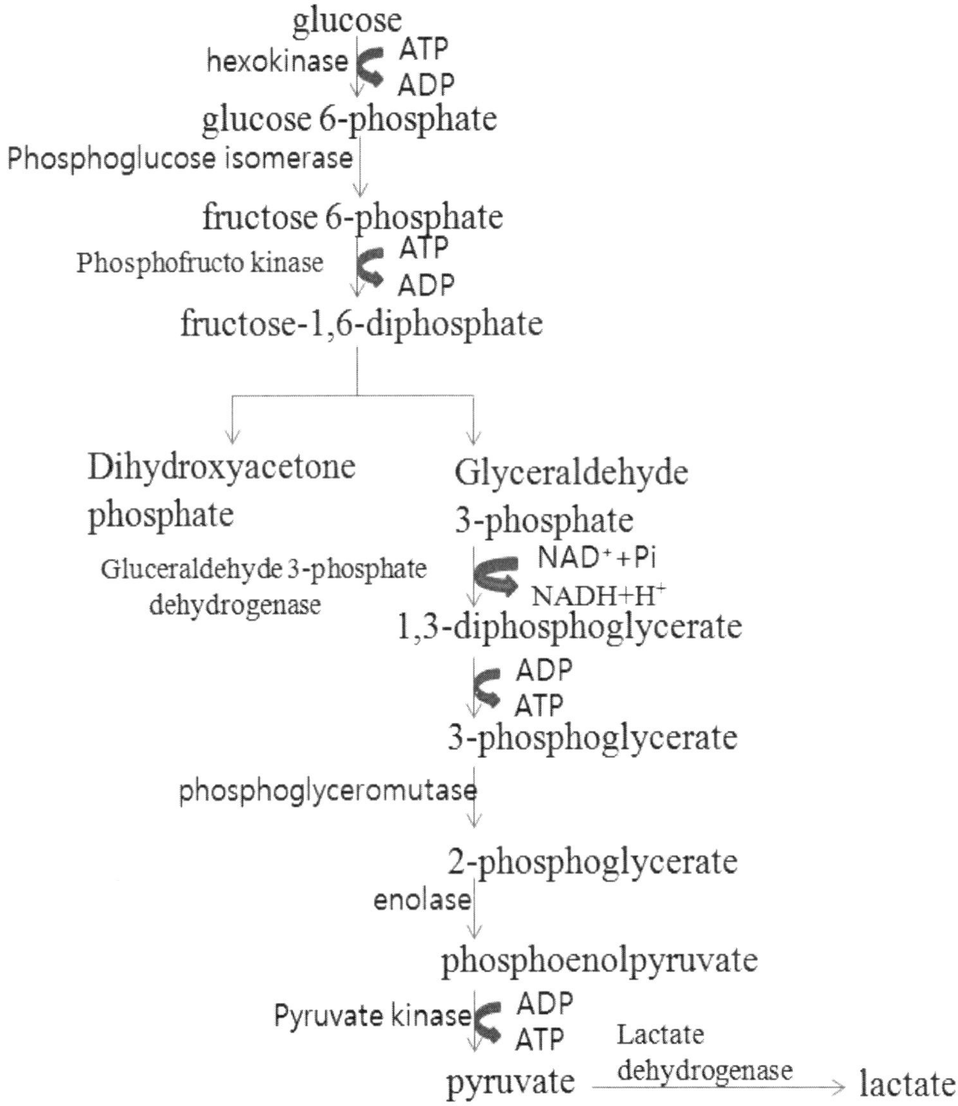

그림 3-6. 무산소성 해당과정

운동이 시작되면 초기 2-3초 정도는 ATP-PC시스템에 의하여 에너지가 이용되지만 운동 시간이 길어지게 되면 글리코겐 (glycogen) 또는 포도당 (glucose)이 젖산까지 분해되면서 에너지를 얻게 되는 무산소성 해당과정이 시작된다 (그림 3-6).

무산소성해당과정은 약 30초에서 2분 전후의 운동 중에 동원되는 에너지체계로서 산소를 이용하지 않고 탄수화물을 분해하면서 에너지를 획득하는 과정을 거치게 된다. 무산소성 해당과정을 거치는 유형의 운동은 파워형의 운동으로서 격한 운동을 실시하게 되면 해당작용 속도가 안정 시에 비하여 약 100배 이상 증가하게 되며 이러한 결과 α-glycerol phosphate (α-GP)와 lactate (젖산)가 근육 내에 축적된다. 이러한 물질은 에너지 이용이 심한 경우에는 간단히 소화되지 못하므로 최종대사물질 (end product)이라고 불린다. 해당과정은 산소를 필요로 하지 않으나 기질의 인산반응에 의해 근육에서 이용 가능한 ATP를 형성하여 에너지를 생성하게 된다.

근육이 혈중의 포도당을 이용하는 경우에는 1분자의 ATP를 이용하여 포도당을 glucose 6-phosphate (G-6-P)로 분해한다. G-6-P는 안정시의 글리코겐의 재합성 및 운동 중의 해당과정이 나뉘는 부분인 중요한 분자이다. 안정시의 근육은 AMP, ADP, Pi, G-6-P의 농도는 낮으며 반대로 ATP의 농도는 높게 나타난다. 이러한 세포 내의 환경은 insulin의 작용으로 인하여 혈액 중의 포도당을 근육으로 유입시켜 분해하거나 글리코겐 합성을 촉진하는 글리코겐 합성효소를 자극한다.

근육의 운동이 시작되면 ATP는 ADP와 무기인산으로 분해되며 CPK와 AK의 효소 활성이 활성화된다. 이 중에 AK는 불활성화 상태인 근육 내의 phosphorylase 효소의 활성을 촉진시키며 그 결과 글리코겐의 분해가 촉진되기 시작한다. 이러한 대사 작용의 결과 G-6-P의 농도가 증가하게 되면 해당작용이 촉진되게 된다.

G-6-P는 탄수화물 대사의 하나의 축으로서 안정 시에는 AMP 및 G-6-P의 농도가 감소하여 글리코겐 합성에 이용되며 반대로 운동 중에는 AMP 및 G-6-P의 농도가 증가하여 해당과정의 에너지 생산에 이용되게 된다.

α-GP는 운동 중에 농도가 증가하게 된다. α-GP가 운동 중에 증가되는 원인으로서는 α-GP가 효소반응에 의해 분해되지 않고 저장 역할을 하며 운동 후에는 해당계에서 분해되거나 글리코겐의 재합성에 이용되기 때문이다. 또한 α-GP는 유산소 대사 시에 미토콘드리아의 막을 쉽게 통과하여 수소원자의 운반체로서의 역할을 하기도 한다.

한편, G-6-P로부터 2분자의 pyruvate가 형성되는 데 pyruvate는 Cori cycle에서 형성되는 젖산, alanine과 다음 장에서 설명하는 TCA 회로로 들어가는 acetyl-CoA를 형성하는 데 매우 중요한 물질이다.

pyruvate에서 산소가 공급되지 않는 경우에 형성되는 최종산물은 젖산이 된다. 무산소성 대사와 유산소성 대사를 연결하는 고리로서 작용하는 물질로서 acetyl-CoA가 존재하는데 이는 pyruvate dehydrogenase에 의해 탄소고리가 3개인 pyruvate로부터 탄소를 하나 빼앗아 CO_2를 형성하며 나머지 두 개의 탄소는 보효소 (coenzyme)와 결합하여 acetyl-CoA가 된다.

이와 같이 무산소성 해당과정은 많은 효소반응으로 구성되어 있지만 운동이 시작되면 즉시 대사활성이 증가하게 된다. 젖산의 형성은 주로 운동강도에 의존하게 된다. 해당계에서 형성되는 에너지양은 ATP-PC시스템보다 많으며 고강도 운동 중에는 저장된 근육 내의 글리코겐은 매우 빠른 속도로 분해된다.

근육 내의 글리코겐의 대부분은 고강도 운동 중의 무산소성 에너지로서 이용되며 최저 20초-5분 사이의 최대 운동 중에 주된 에너지원으로서 이용된다. 해당계의 에너지 생성량은 ATP-PC시스템보다 많으나 생성속도는 ATP-PC시스템보다 낮다. 이 의미는 해당계가 유지 가능한 에너지의 파워는 ATP-PC시스템보다 낮게 되므로 최대 스피드의 유지시간은 불과 수초에 불과하며 ATP-PC시스템에서 나오는 에너지가 고갈되면 운동강도는 저하할 수밖에 없는 이유가 된다. 무산소성 운동 중에 생성되는 ATP의 생성량과 생성속도는 표 3-2에 나타내었다.

표 3-2. 무산소 대사에 의한 ATP의 생성량과 생성속도의 비교

	ATP생성량 (mmol ATP/kg dry wet)	ATP생성속도 (mmol ATP/kg dry wet/sec)
ATP-PC system	55-95	9
anaerobic glycolysis	190-300	4.5
total	250-370	11

격렬한 운동이 끝나게 되면 α-glycerol phosphate는 글리코겐 재합성으로 사용되던지 아니면 젖산 또는 CO_2와 물까지 대사되게 된다. 젖산은 근육에서 CO_2와 물까지 분해

되던지 간장으로 운반되어 2분자의 젖산으로부터 1분자의 포도당이 합성된다. 합성된 포도당은 간장에서 글리코겐의 형태로 저장되던지 혈액 중으로 빠져나와 에너지원으로서 사용되기 위해 근육으로 운반된다. 이러한 젖산-포도당 회로는 처음으로 이 회로를 발견한 과학자의 이름을 붙여서 Cori cycle이라고 명명하기도 한다 (그림 3-7).

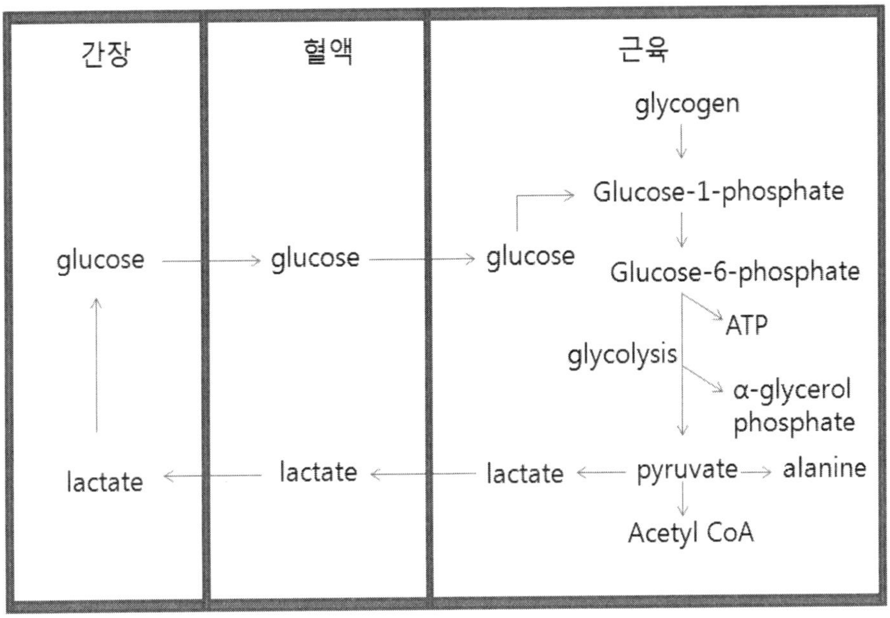

그림 3-7. 무산소성 해당과정과 Cori 회로의 관계모식도

2) TCA 회로 (크렙스 회로)

Kreb's cycle은 일명 citric acid cycle 또는 tricarboxylic acid cycle (TCA cycle) 이라고도 한다. kreb's cycle은 미토콘드리아 내에서 일어나게 되는 에너지대사로서 acetyl CoA를 이산화탄소와 수소원자로 분해하는 과정이다 (그림 3-8). 즉, pyruvate가 산화되어 acetyl CoA가 형성되어 Kreb's cycle에 들어오게 된다. acetyl CoA는 oxaloacetate와 결합하여 citrate를 형성하며 Kreb's cycle의 대사를 진행하게 된다. Kreb's cycle에서는 1분자의 ATP, 3분자의 NADH, 1분자의 FADH와 2분자의 이산화탄소를 생성하게 된다.

이 중에 NADH와 $FADH_2$를 수소운반체라고 하며 Kreb's cycle에서 만들어진 수소운반체는 전자전달계로 들어가 산화되어 산화적 인산화과정에 의해 ADP를 ATP로 재합성하게 된다. 즉 acetyl CoA 한 분자가 Kreb's cycle 내에서 완전히 산화되게 되면 다음과 같은 물질이 생성된다.

$$\text{acetyl CoA} + \text{ADP} + 3\text{NAD}^+ + \text{FAD} \rightarrow$$
$$2\text{CO}_2 + \text{ATP} + 3\text{NADH} + 3\text{H}^+ + \text{FADH}_2 + \text{CoA}$$

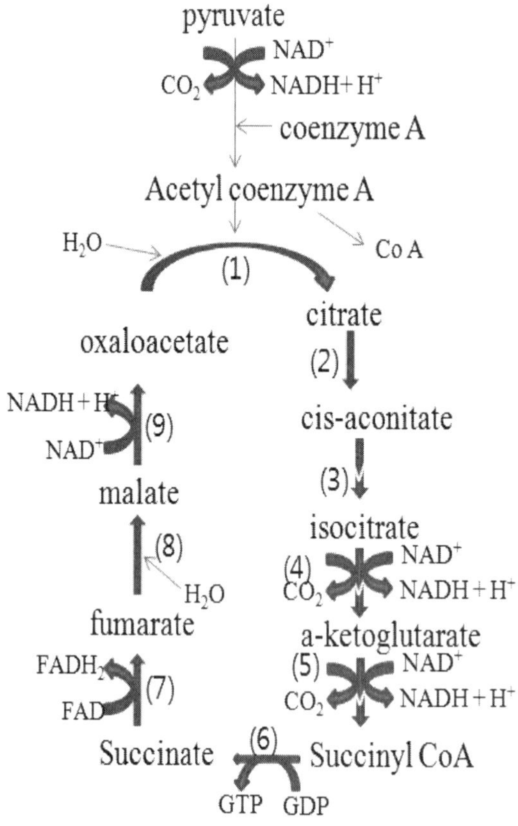

Kreb's cycle에 관여하는 효소명
(1) citrate synthetase, (2) aconitase (3) aconitase (4) isoctrate dehydrogenase
(5) a-ketoglutarate dehydrogenase complex (6) succinyl CoA synthetase
(7) Succinate dehydrogenase (8) fumarase (9) malate dehydrogenase

그림 3-8. Kreb's cycle의 모식도

3) 전자전달계

전자전달계는 수소로부터 전자를 받아 최종적으로 산소에 전자를 운반하는 일련의 수송과정을 의미한다. NADH와 $FADH_2$는 에너지가 충만한 분자로서 이 분자들이 전자를 산소에 운반하게 되면 대량의 에너지가 방출되게 된다. NADH나 $FADH_2$로부터 산소로 전달되는 전자전달계는 미토콘드리아 내막에 존재하는 일련의 운반체들에 의해 일어나게 된다.

그림 3-9와 같이 NADH의 경우에는 전자전달계에서 3분자의 ATP를 형성하게 되며 $FADH_2$는 전자전달계를 거치면서 2분자의 ATP를 형성하면서 최종적으로 물과 이산화탄소를 만들게 된다.

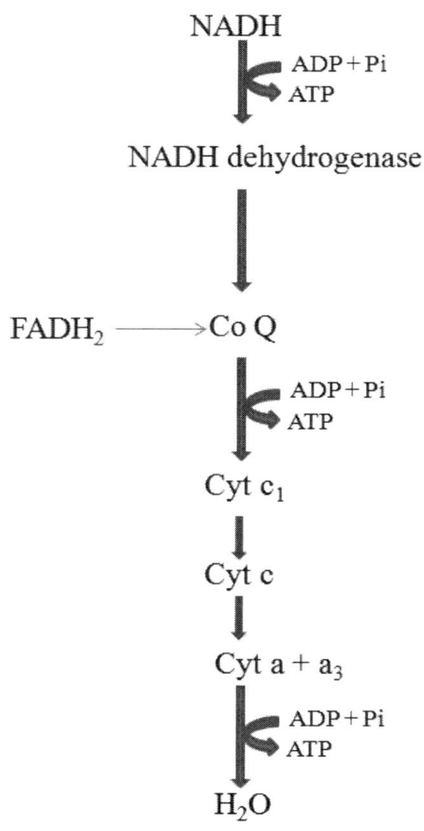

그림 3-9. 전자전달계에서의 ATP 생성과정 모식도

4) 글리코겐의 합성과 분해

글리코겐의 합성과 분해는 주로 간과 근육에서 서로 다른 대사경로를 통해 일어나며, 식사 후 에너지가 충분한 상태에서 남은 여분의 포도당은 성인의 경우 간에서 100g 또는 근육에서 250g정도가 글리코겐의 형태로 전환되어 저장된다.

포도당이 부족하여 혈당이 떨어지면 간 또는 근육에 저장되어 있던 글리코겐이 포도당으로 전환되어 에너지원으로 이용된다. 한편 근육에는 글리코겐의 분해과정 시 포도당-6-인산에서 포도당으로 전환하는 과정에 필요한 효소가 없기 때문에, 근육에 에너지를 공급해 줄 수는 있지만 혈당을 직접적으로 상승시켜 주지는 못한다.

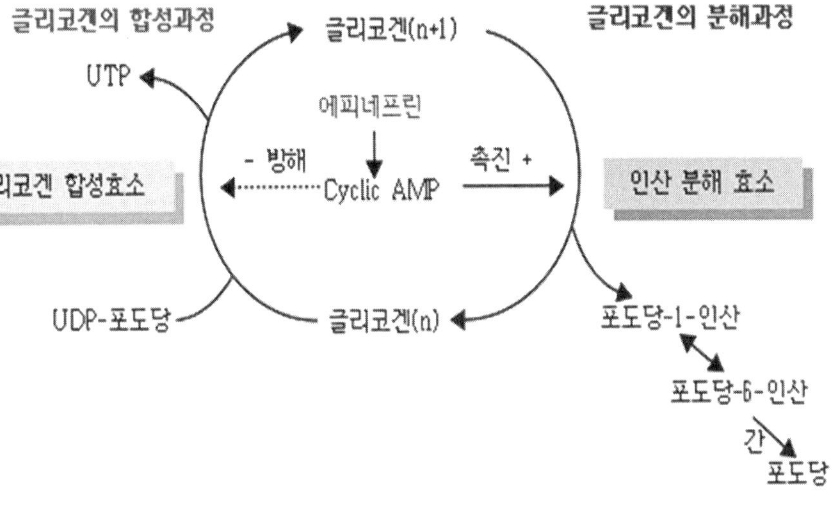

그림 3-10. 글리코겐 대사경로 모식도

5) 당신생작용

당신생과정은 당 이외의 물질, 즉 아미노산·글리세롤·피루브산·젖산 등으로부터 포도당이 합성되는 과정을 말하며, 세포질 내에서 해당과정과는 별도의 경로를 통해 주로 간과 신장에서 일어난다.

젖산이 간으로 운반되어 포도당으로 전환되며 적절한 포도당 양이 부족하거나 장기간 기아상태 및 에너지 사용이 많을 때에는 아미노산 등이 당신생작용을 거쳐서 포도당을 생성하여 열량을 제공한다.

코리회로는 근육에서 생성된 젖산을 간으로 운반하며, 알라닌 회로는 근육에서 아미노산 분해로 생성된 암모니아를 알라닌 형태로 간으로 운반하여 암모니아를 분해하고 피루브산을 거쳐 다시 포도당을 생성하는 회로이며, 그리고 간에서 암모니아는 요소로 합성된다.

한편, 적혈구·뇌·신경세포 등은 포도당을 주요 에너지원으로 사용하며, 이에 따라 신체는 항상 일정 수준의 혈당을 유지하려고 하는데 탄수화물 섭취가 부족한 경우 당신생작용이 일어나 체내의 포도당 요구량을 충족시킨다.

6) 탄수화물대사의 조절

탄수화물대사는 일정한 수준의 혈당량을 유지하기 위하여 호르몬과 비타민 B 복합체 등에 의해서 조절된다.

(1) 호르몬

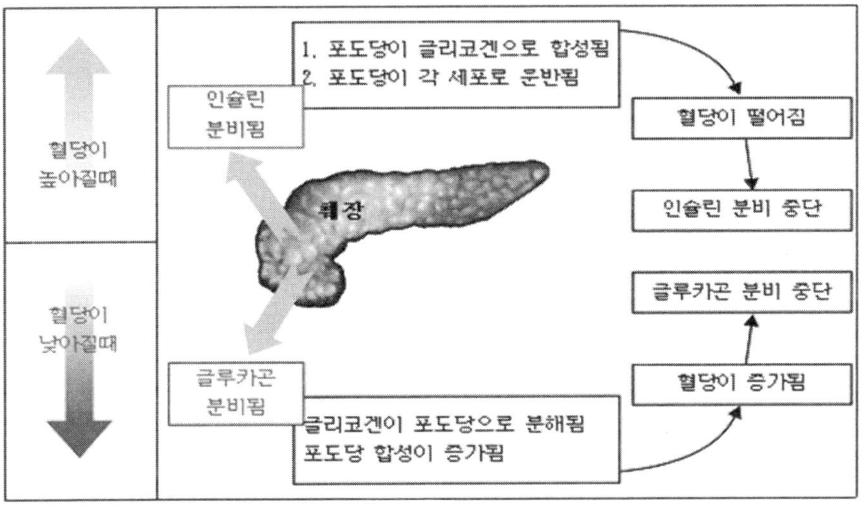

그림 3-11. 인슐린과 글루카곤의 상호작용

탄수화물대사는 호르몬의 상호작용에 의해 조절되며, 체내 대표적인 길항호르몬인 인슐린과 글루카곤이 있다 (그림 3-11). 인슐린은 췌장 랑게르한스섬 (Langerhans islet)의 β-세포에서 분비되며 간의 글리코겐 합성을 촉진하고, 근육이나 피하조직 등의 세포 내로 포도당을 유입하여 대사를 계속하게 함으로써 혈당을 감소시킨다.

반면에 식후 3-4시간이 경과하여 외인성 탄수화물에 의한 포도당 공급이 부족하면 췌장 랑게르한스섬의 α-세포에서 글루카곤이 분비되어 간에 저장된 글리코겐을 분해하여 혈중 포도당 농도를 상승시킨다.

(2) 비타민 B 복합체

비타민 B의 대부분은 탄수화물 대사에 필수적인 조효소의 구성 성분이며, 체내에서 거의 합성되지 않아서 반드시 식품으로부터 제공받아야 한다. 따라서 비타민 B 복합체를 식품에서 얼마나 섭취하는지가 대사를 조절하는 중요한 요인이다. 비타민 B군으로는 티아민, 리보플라빈, 니아신, 판토텐산, 피리독신, 리포산 등이 있다 (표 3-3).

표 3-3. 조효소로서 탄수화물 대사에 관계하는 비타민 B 복합체

비타민	조효소의 이름	약자
비타민 B_1(티아민)	티아민 피로인산염(thiamin pyrophosphate)	TPP
비타민 B_2 (리보플라빈)	플라빈 모노뉴클레오타이드 (flavin mononucleotide)	FMN
	플라빈아데닌 다이뉴클레오타이드 (flavin adenine dinucleotide)	FAD
니아신	니코틴아마이드 아데닌 다이뉴클레오타이드 (nicotinamide adenine dinucleotide)	NAD
	니코틴아마이드 아데닌 다이뉴클레오타이드 인산(nicotinamide adenine dinucleotide phosphate)	NADP
판토텐산	코엔자임 A(coenzyme A)	CoA
리포산 (lipoic acid)	리포산	-
비타민B_6 (pyridoxine)	피리독살 인산(pyridoxal phosphate)	PLP

5. 탄수화물과 운동

운동 중에 근 수축에 사용하는 대사 에너지에 관한 연구는 매우 중요한 연구과제가 되어 왔는데 그 이유는 근육 내에서 이용하는 에너지가 근력을 발휘하는 가장 중요한 요소이기 때문이다. 3대 에너지 영양소 중 하나인 탄수화물은 여러 형태의 광범위한 종류로 인체에 존재하고 인체의 주된 연료이면서 동시에 체내에서 가장 많이 소비되는 에너지원이기도 하다. 탄수화물은 대략 산소 1L당 5.1kcal의 에너지를 생산하여 1L당 4.7kcal의 에너지를 생성하는 지방에 비해 더 큰 에너지를 생성한다. 그래서 에너지를 생성할 때 산소 소비효율이 뛰어나 산소 공급이 충분히 되지 못하는 고강도 운동 시 다른 에너지원보다 빠른 에너지 공급이 가능하다.

운동에너지원으로서 간과 근육에 저장된 글리코겐이 중요하게 작용하는데 근육 내 글리코겐은 근육의 운동을 위해 사용되며, 간장 내 글리코겐은 포도당으로 분해된 후 혈중으로 방출되어 근육으로 전달된 후 에너지원으로 사용된다. 근육은 에너지원으로서 근육 자신이 저장한 글리코겐보다 혈중에서 흡수되는 포도당을 우선적으로 이용한다. 이런 현상은 간에 글리코겐을 충분히 저장하는 것이 근육 운동 중의 에너지 효율성을 높이는데 도움이 되기 때문이다.

따라서 운동 전, 운동 중, 운동 후에 식이요법을 통해 탄수화물의 섭취량을 조절하면 신체는 근육과 간에 저장된 글리코겐을 최대한 활용하여 운동수행능력을 향상시킬 수 있다.

1) 운동 전 탄수화물 섭취

최적의 운동수행을 위해서는 운동을 하기 전에 충분한 탄수화물을 체내에 공급할 필요가 있다. 보통 운동 전 탄수화물을 섭취하는 목적은 글리코겐 합성을 촉진하여 운동 중에 일어날 수 있는 피로를 줄이는 것이다.

웨이트 트레이닝이나 무산소성 운동을 실시할 때에 운동 전에 탄수화물을 섭취하는 것이 피로의 축적을 지연시켜주며, 시합 (역도, 보디빌딩 등)을 할 때와 같이 지속적으로 에너지를 이용해야 할 경우 운동 전 탄수화물 섭취는 근육 내 글리코겐 고갈을 최소화하는데 도움이 된다.

또한, 마라톤이나 장거리 사이클 경주 등의 장시간 운동의 후반부에 접어들게 되면, 장시간 운동으로 근육의 글리코겐 저장량이나 혈중 포도당 농도가 감소되어 운동수행 능력이 떨어지게 되는데 효과적인 탄수화물 섭취는 혈중 포도당 농도를 유지하고 탄수화물 산화를 유지함으로써 운동을 지속할 수 있도록 해준다.

결과적으로 운동 전 탄수화물 섭취는 혈중 포도당 농도를 유지하는데 기여함으로써 피로를 지연시켜 장기간 운동을 수행할 수 있도록 한다. 한편, 운동 전에 과도하게 탄수화물을 섭취하게 되면 혈중 포도당 농도가 증가하여 인슐린 분비를 촉진하게 되어 혈중 포도당을 간과 근육에 저장시켜 운동수행시간과 근육의 글리코겐 분해 작용을 저해할 뿐만 아니라 다른 에너지원의 대사 작용을 방해한다. 그러므로 운동 전 종목에 따라서 탄수화물의 섭취량과 섭취 시간의 조절이 필요하다.

■ 글리코겐 로딩 (glycogen loading)

운동을 지속적으로 하기 위해서는 글리코겐의 역할이 절대적으로 필요하다. 운동 중에 간장과 근육 속에 저장되어 있는 글리코겐이 고갈되면, 계속적인 운동수행이 불가능하게 된다. 따라서 글리코겐을 근육에 최대한 저장하기 위해 다양한 방법들이 시도되어 왔으며, 그 중 가장 대표적인 방법이 글리코겐 로딩으로 훈련 및 식사내용을 조절해 선수의 근육에 글리코겐을 최대로 저장하는 방법이다. 이 방법은 장시간 진행되는 시합에 앞서 식사와 훈련내용을 조절하여 체내 글리코겐 저장량을 증가시키기 위한 목적으로 이용되어져 왔다.

글리코겐을 저장하기 위해서 과거에는 시합 1주일 전에 과도한 트레이닝을 통한 [글리코겐 고갈]→ 시합 3일 전까지 탄수화물 제한, 고단백질 섭취→ 시합3일 전부터 고탄수화물 섭취→시합의 순으로 식이요법을 하였으나 이 방법은 상당한 인내를 필요로 하며 글리코겐의 고갈기간 동안에는 트레이닝을 하기에 매우 어려움이 따르고 어지러움, 무기력, 판단력 저하 등의 저혈당 증세와 근육의 손상도 가져올 수 있으므로 권장할 만한 방법은 아니다.

그래서 최근에는 시합 1주일 전에 글리코겐 고갈 (선택)→ 시합 3일전까지 균형 잡힌 식사 (단백질, 탄수화물, 지방의 혼합식이), 운동량감소와 휴식→

시합 3일 전부터 고탄수화물 섭취, 운동량감소와 휴식→시합의 방법이 권장되고 있다.

글리코겐 로딩은 모든 사람들에게 동일하게 항상 좋은 결과만 가져다주는 것은 아니므로 개인의 상황에 따라 강도와 수준을 달리하고 과정에 따른 결과를 보고 각 개인에게 맞는 최적의 조건을 찾아 실행하는 것이 중요하다.

2) 운동 중 탄수화물 섭취

운동 중 탄수화물을 적절하게 보충하는 것은 체내 글리코겐의 고갈을 막는데 도움이 되고, 지구성 운동경기의 마지막 단계에서 고강도로 운동을 하는데 필요한 에너지원으로 사용되어 경기에서 좋은 결과를 얻을 수 있는 결정적인 에너지로 사용 될 수 있다.

저강도의 운동을 장시간 하면서 탄수화물을 섭취하면 혈중 포도당 농도와 인슐린 농도가 상승하므로 근육의 포도당 흡수를 높일 수 있다. 이는 혈중 포도당의 이용을 증가시키고 유리지방산의 이용은 감소시키는 결과를 가져온다.

중강도로 운동을 할 경우에는 혈중 포도당과 인슐린 농도의 변화가 적지만 고강도 운동을 하는 선수들에게 운동 중 탄수화물 섭취는 운동수행능력을 높여준다.

바르셀로나 올림픽의 마라톤 금메달리스트인 황영조 선수도 특수 제조한 음료를 경기 중 섭취하여 경기 전 식사를 조절함으로서 체내 글리코겐 양을 증가시킨 것이 금메달을 획득하는데 큰 도움이 되었다고 한다.

한편, 운동 중의 탄수화물 섭취는 탄수화물의 종류와 개인의 특성에 따라 다양한 결과를 나타나므로 연습을 할 때 본인에게 맞는 탄수화물의 종류와 섭취시기를 알아두는 것이 좋다. 적절한 수분공급을 위해서는 농도가 낮은 포도당 전해질 용액이 좋으며, 운동 중에는 과당보다는 포도당, 서당, 포도당 중합체로 구성된 것이 좋다. 과당은 천천히 흡수되어 물 흡수도 지연시키고 근육에 의해 직접 대사되기 보다는 주로 간에서 대사되며, 운동 중 과당을 섭취하면 다른 당에 비해 인슐린의 농도도 낮고 당질의 산화도 적게 되는 것으로 알려져 있다.

3) 운동 후 탄수화물 섭취

운동 후의 탄수화물 섭취는 근육 내로 빠른 글리코겐의 저장을 촉진하고 피로를 최소화 시킬 수 있으며, 다음 운동의 경기력 향상에도 도움이 되는 생리적 기능을 갖는다. 이를 위해서 24시간 내에 섭취하는 칼로리의 70%를 탄수화물 (500-600g)로 공급하는 것이 근육 내 글리코겐을 정상수준으로 회복시킬 수 있는 데 도움을 준다.

운동 후에 탄수화물을 섭취하는 시간 또한 매우 중요한 요인인데 운동 후에 체중 당 2g의 탄수화물을 즉시 섭취하면 근육 내에서 글리코겐 합성이 약 15mmol/kg인 반면에 탄수화물 공급이 2시간 지연되면 근글리코겐 합성이 66% 즉 5mmol/kg까지 감소하며, 운동 후 4시간이 지연되면 운동 후 즉시 공급할 때 보다 약 45% 정도 글리코겐 회복이 지연된다고 알려져 있다.

글리코겐 합성이 운동직후에 빠르게 일어나는 것은 근육으로 가는 혈류량이 운동직후에 가장 많으며, 이때에 근육 세포도 인슐린의 기능에 더 민감하게 반응하여 포도당을 빠르게 흡수하여 글리코겐 합성을 더 활발하게 진행시키기 때문이다.

하지만, 선수들 대부분이 운동 후에는 허기를 느끼지 않으며 식욕도 저하되는 것이 일반적인 현상이다. 이런 경우에는 스포츠 음료와 과일 쥬스, 혹은 시판되는 고탄수화물 음료와 같은 고탄수화물을 섭취하는 것도 근글리코겐 합성 촉진을 위한 좋은 방법이다. 일반적으로 운동 후 15-30분 이내에 약 100g의 탄수화물을 섭취하고 그 후에 계속 2-4시간 마다 100g의 탄수화물을 섭취하는 것이 바람직하다고 알려져 있다.

Memo

Memo

제 4장. 지방과 운동

1. 지방의 정의 및 분류

1) 지방이란?

지방은 탄수화물과 마찬가지로 탄소, 수소, 산소로 이루어진 유기 화합물로서, 물에는 녹지 않고 에테르와 같은 유기 용매에 녹으며, 상온에서 고체형태인 지방과 상온에서 액체 형태인 기름을 합쳐서 지질이라고 부르나, 일반적으로 액체인 기름까지 포함하여 지방이라고 한다. 지방은 동·식물성 식품에 널리 분포 되어 있으나 특히 동물의 장관 주위나 피하조직에 많고, 또 식물계에서는 종자에 많이 함유되어 있다.

지방의 구성성분에 따라 지방산과 알콜의 에스테르를 단순지질 (중성지방, 왁스), 지방산과 알콜 이외에 다른 성분이 결합된 복합지질 (인지질, 당지질 등), 그리고 단순지질 및 복합지질의 가수분해산물에 속하는 것을 유도지질 (지방산, 글리세롤, 콜레스테롤, 지용성 비타민 등)이라고 한다.

지방은 열 절연체 신경조직에서는 전기적 절연체, 기계적 자극으로부터의 보호 작용, 세포 구성성분으로서 물질의 운반조절, 대사활성물질 등의 역할을 한다. 또한, 체구성 성분과 에너지 공급원으로서도 중요한 역할을 하며 필수 지방산이나 지용성 비타민의 공급원이기도 하다. 그러나 지방의 과다한 섭취는 비만·암·동맥경화증 등과 각종 성인병의 원인이 되는 위험이 따르기 때문에 충분한 주의가 필요하며 적절한 섭취가 필요하다.

2) 지방의 분류

(1) 지방산

지방산은 우리 몸과 식품에 있는 지방의 구성성분으로서, 2개의 수소와 결합하고 있는 탄소들이 길게 연결되어 있는 긴 탄소사슬이 기본 구조이다.

지방산은 탄소사슬이 카르복실기 (-COOH)로 시작하는 알파 (α) 탄소와 소수성인 긴 탄화수소로 구성되며, 사슬의 끝인 오메가 (ω) 부분에는 메틸기 (-CH_3)가 결합되어 있다. 지방산의 일반적인 화학 구조식은 $CH_3(CH_2)nCOOH$로서 오메가 부분과 중간 탄소사슬부분 ($CH_3(CH_2)n$)을 R로 표시하여 RCOOH로 줄여 표기하기도 하며, R-CO를 아실기 (acyl)라고 한다.

지방산은 말단에 1개의 카르복실기와 소수성인 긴 탄화수소 (R)의 꼬리를 갖는 사슬형태의 유기산으로 구성된 지방군을 말하며, 사슬길이에 따라 단쇄지방산 (C2-C6), 중쇄지방산 (C8-C12), 장쇄지방산 (C14-C20), 초장쇄지방산 (C22 이상)으로 분류한다. 대부분의 생체 내 지방산은 12-22개의 짝수의 탄소사슬을 가지며, 탄소사슬의 길이가 길수록 융점이 높아진다.

① 포화지방산 (Saturated fatty acid: SFA)

지방산의 모든 탄소와 탄소 결합이 단일결합이면서 수소로 연결되어 있는 것을 포화 지방산이라고 한다.

주로 동물성 식품, 코코넛유, 마가린 등에 많이 함유되어 있으며 체내 합성이 가능하다. 일반적으로 천연유지 및 대사에 관여하는 지질을 구성하고 있는 주된 지방산 중 포화지방산은 팔미틴산 (palmitic acid-16:0), 스테아르산 (stearic acid-18:0) 등이 있다. 지방의 과도한 섭취는 혈중 콜레스테롤 농도를 증가시킨다.

② 불포화지방산 (Unsaturated fatty acid: UFA)

탄소 사슬로부터 수소가 해리되고 탄소와 탄소 사이에 단일 결합 대신 이중결합을 가진 지방산이 불포화 지방산이다. 이때 탄소끼리 이중으로 연결된 것을 이중결합이라고 한다.

불포화 지방산은 이중결합의 수에 따라 단일 불포화 지방산과 다가 불포화 지방산으로 구분된다. 단일 불포화 지방산은 하나의 이중결합을 가지며 올리브유에 많이 있는 올레산이 가장 대표적이다. 다가 불포화 지방산은 두개 이상의 이중결합을 갖고 있으며, 이중결합 수가 많을수록 융점이 낮고 상온에서 액체 상태로 존재한다. 리놀레산은 대표적인 불포화 지방산으로 옥수수기름, 콩기름, 홍화기름, 참기름 등에 많이 존재한다.

건강기능 식품의 한 종류로 관심을 받고 있는 오메가-3 지방산은 지방산의 탄소사슬의 끝인 오메가 부분에서 3번째에 처음으로 이중결합이 있는 것을 말하며, n-3 지방산이라고도 하는데 대표적인 것으로 DHA (docosahexaenoic acid), EPA (eicosapentaenoic acid)가 알려져 있다.

DHA는 뇌의 구성 성분으로 뇌의 발달에 중요한 역할을 하며, EPA는 혈소판 응집 억제작용과 혈청 콜레스테롤 감소작용이 있어 혈중 LDL (low density lipoprotein) 함량을 감소시키고 HDL (high density lipoprotein) 함량을 증가시켜 동맥경화를 예방하는 효과가 있다.

이 외에 오메가 부분에서 6번째 탄소에서 처음으로 이중결합을 하고 있는 것을 오메가-6 지방산이라고 하고, n-6 지방산이라고도 한다. 한편, 올리브유에 많은 올레산의 경우에는 9번 탄소에서 한 번의 이중결합을 하고 있으며 n-9 지방산이라고 한다 (그림 4-1).

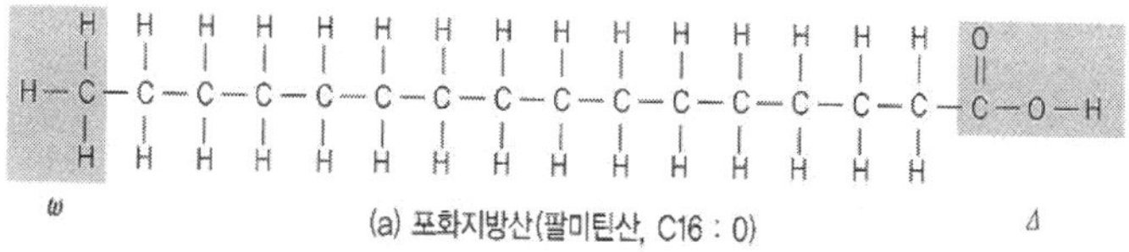

(a) 포화지방산(팔미틴산, C16 : 0)

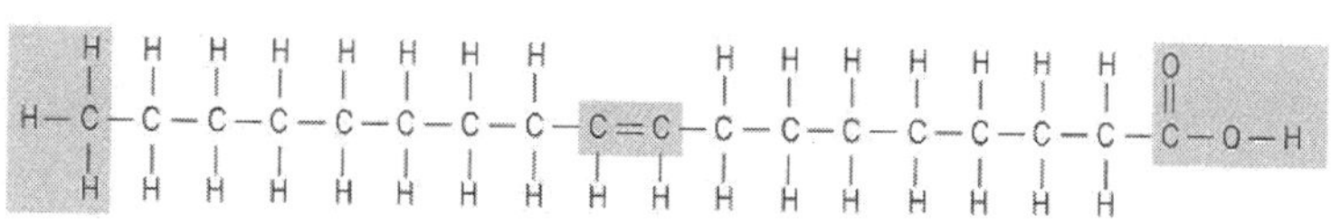

(b) 단일 불포화지방산(올레산, C18 : 1Δ⁹, ω-9)

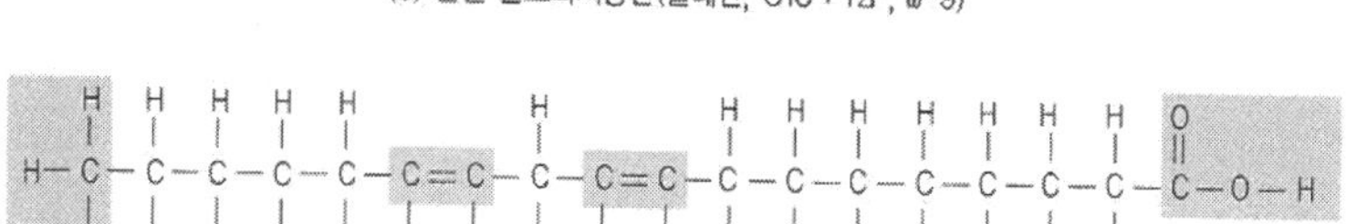

(c) 다가 불포화지방산(리놀레산, C18 : 2Δ⁹·¹², ω-6)

그림 4-1. 지방산의 구조

이중결합을 갖는 지방산은 같은 화학식을 가지나 화학적 구조가 다른 2개의 이성질체 형태로 존재할 수 있는데 시스형 (cis)은 수소원자가 이중결합을 이루는 탄소들의 같은 편에 존재하고 있어 지방산 골격이 구부러져 있으며, 트랜스형 (trans)은 수소가 각기 반대쪽으로 자리 잡아 골격이 직선으로 된다.

자연계에 존재하는 불포화지방산의 경우 시스형이 대부분 이지만 최근에는 식품 산업이 발달하면서 액체인 식물성 기름을 물리적으로 고체로 만들고 산패를 억제하기 위해 수소를 첨가하는 경우 (마가린, 쇼트닝 등)가 많아지는데, 이 과정에서 구부러진 이중결합은 트랜스형이 된다. 이러한 트랜스 지방산은 이중결합이 있는 불포화지방산 이지만 포화지방산과 비슷한 성질을 나타낸다 (그림 4-2).

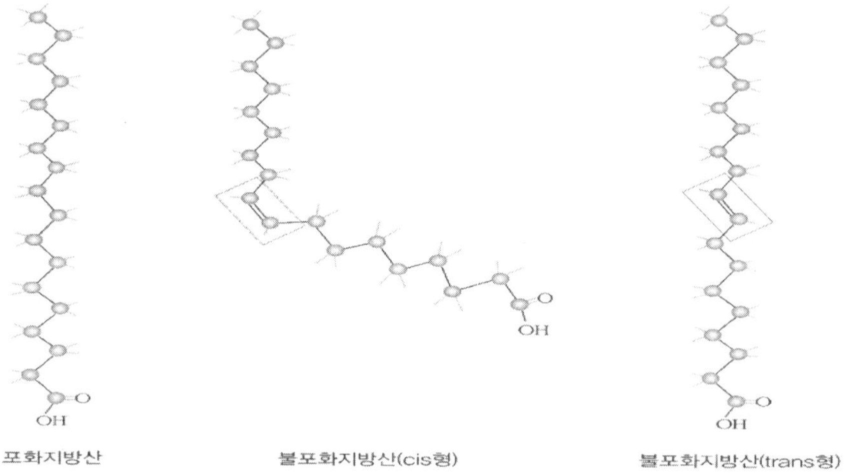

그림 4-2. 포화지방산과 불포화지방산의 시스 (cis)와 트랜스 (trans)형

③ 필수 지방산 (Essential fatty acid: EFA)

불포화 지방산 중 동물의 체내에서는 합성되지 않아 반드시 식품으로 섭취해야 하는 지방산을 필수지방산이라고 하며 리놀산 (linoleic acid), 리놀렌산 (linolenic acid), 아라키돈산 (arachidonic acid)이 있다.

이들은 체내에서 면역 및 시각 기능에 관계할 뿐만 아니라 세포막의 형성 및 호르몬 유사물질을 합성하는 등 매우 중요한 역할을 수행한다. 필수지방산의 섭취가 부족하게 되면 성장장애, 생식기능장애, 습진성 피부염이나 알레르기, 호흡기 점막의 감염 등이 나타나며 지방간이나 비만이 초래된다.

(2) 중성지방

중성지방은 자연계에서 지방산이 유리된 상태로 존재하는 경우는 매우 드물고, 대부분 에스테르 결합을 하며 일부는 아미드 결합을 하기도 한다. 식품이나 체내 지방산의 95%는 중성지방의 형태로 존재하며 글리세롤 (glycerol) 한 분자에 지방산 (fatty acid) 3개가 결합되어 있다. 일반적으로 글리세롤의 1번과 3번 위치에는 포화지방산이, 2번 위치에는 불포화 지방산이 결합된다. 글리세롤에 결합하는 지방산의 길이가 짧을수록, 불포화 지방산이 결합할수록 융점이 낮아진다.

포화지방산을 다량 함유한 중성지방은 실온에서 고체 상태이며 버터나 유지와 같은 동물성 식품에 많이 함유되어 있다. 단일 불포화 지방산을 다량 함유한 중성지방은 실온에서 액체이며 올리브유 및 견과류와 같은 식물성 식품에 함유되어 있다. 다가 불포화 지방산을 다량 함유한 중성지방은 실온에서 액체이며 면실류나 옥수수 기름과 같은 식물성 식품에 함유되어 있다.

(3) 복합지질

① 인지질

인지질은 중성지방과 비슷한 성분을 가지나 뼈대가 되는 글리세롤의 3번째 수산기 (-OH)에 지방산 대신 인산과 염기가 결합되어 인지질이 된다.

인지질은 세린, 에탄올아민, 콜린, 이노시톨 등의 염기에 따라 각각 포스파티딜세린, 포스파티딜에탄올아민, 포스파티딜콜린, 포스파티딜이노시톨로 분류한다. 세포막에서 발견된 인지질 중 가장 중요한 것은 포스파티딜콜린으로 일반적으로 레시틴이라 부르며, 물과 기름이 잘 섞일 수 있도록 하는 유화제 (emulsifier)의 역할을 한다. 소장 내 존재하는 인지질 중 식품으로 유래된 인지질은 1-2g 수준이며 나머지 11-12g 가량의 인지질은 담즙 성분이다.

② 스핑고지질

스핑고지질은 글리세롤 대신에 긴 사슬의 아미노알코올인 스핑고신에 지방산이 아미드 결합을 하여 세라미드를 이루는 유도체이다. 뇌와 신경조직에서 소량 존재하는 스핑고지질은 세레브로시드 (cerebrocyte)와 강글리오시드 (gangliocyte) 등의 뇌세포를 구성하고 있다.

(4) 유도지질

① 스테롤류

4개의 탄화수소 고리구조를 가지며 물에는 녹지 않고 유기용매에 녹는 지질과 같은 성질이 있으며 다른 지방구조와는 아주 다르다.

스테롤 물질은 담즙산, 성호르몬, 부신피질 호르몬 등이 있으며, 영양 성분으로 중요한 것은 콜레스테롤과 에르고스테롤 등이 있다. 콜레스테롤은 담즙과 비타민 D의 합성 전구물질이며 콜레스테롤에서 유도된 7-dehydrocholesterol은 자외선에 의해 비타민 D로 전환된다. 신체 내 콜레스테롤 총량은 식이섭취량과 체내 합성량을 합한 것으로 정상 성인은 1일 500-1,000mg을 간에서 합성한다. 이 중 약 1/3은 담즙합성에, 나머지는 혈액에 유입되어 인체에 필요한 기능을 수행한다. 1일 콜레스테롤의 섭취량은 300-500mg 정도이며 콜레스테롤 섭취가 부족하면 필요량만큼 간에서 합성된다.

콜레스테롤은 계란 노른자, 오징어, 새우, 가재, 명란젓, 버터, 내장 등의 동물성 식품에 많이 포함되어 있으며, 식물에는 피토스테롤, 시토스테롤 등의 콜레스테롤 유사물질이 있는데 흡수율이 낮고 콜레스테롤의 흡수를 감소시키는 효과가 있다.

2. 지방의 생리적 기능

1) 중성지방

(1) 효과적인 에너지 저장고

지방세포는 80% 이상이 지질이고 수분의 비율이 낮기 때문에 저장 시에 적은 부피를 차지할 수 있어 효율적인 에너지 지장고이다. 지방 1g은 9kcal의 열량을 발생하여

4kcal 열량을 발생하는 탄수화물과 단백질에 비해 열량이 2배 이상이다. 따라서 지방 조직에 저장되었다가 에너지 영양소 섭취가 부족하면 지방이 분해되어 많은 양의 에너지를 공급한다.

지방은 신체 내의 주요 구성요소가 되며 연령과 에너지 섭취상태에 따라 달라질 수 있으나, 젊은 남자의 경우 평균적으로 체중의 15%, 여자의 경우 25% 정도를 차지한다. 그러므로 체중이 70kg인 남성의 경우는 탄수화물로 저장된 에너지가 약 2,000kcal이고, 지방으로 저장된 에너지가 약 100,000kcal이므로 마라톤 달리기 시에 탄수화물과 지방은 각각 약 1.5시간과 약 120시간 동안 달릴 수 있는 에너지를 제공할 수 있을 만큼 저장되어 있다고 할 수 있다.

(2) 체온조절 및 장기보호

정상체중인 사람은 체지방조직의 1/2 정도가 피하지방으로 구성되어 있다. 지방은 물에 비하여 열전도율이 낮은 부도체로서 열의 방출을 막는 작용을 하여 체온유지 기능을 하고 있다. 그러므로 체내의 피하지방에 축적된 정도와 일상생활의 온도는 서로 관계가 깊다. 또한 지방조직은 생식기관인 유방, 자궁, 난소, 정소 및 심장, 신장 등 주요 장기를 둘러싸고 있어 외부 충격으로부터 장기를 보호해준다.

(3) 지용성 비타민 흡수 촉진

지용성 비타민 (A, D, E, K)은 지방에 녹은 상태로 소화되어 흡수되므로 지질 섭취가 적으면 비타민 흡수량도 떨어진다. 이를 위해 매일 약 20g의 지방을 섭취하여야 한다. 소장에서 지방 흡수에 장애가 생기면 지용성 비타민의 영양상태도 저하된다.

지방흡수가 원활하지 못한 경우 흡수되지 못한 지방산은 칼슘, 마그네슘과 불용성염을 이루어 흡수를 방해하므로 무기질의 영양 상태에도 악영향을 미친다. 녹황색 채소에 많이 있는 카로텐은 비타민 A의 전구물질로 생식을 하는 것 보다 기름과 함께 조리하여 섭취하면 흡수율이 더 높아진다.

(4) 식품에 포함되어 맛과 향의 제공

음식에 독특한 질감을 주고 향미를 주는 물질 대부분이 지방에 녹아 있어 맛과 향을 증진시키는데 기여한다. 아이스크림이나 케이크 또는 빵의 부드러운 성질은 지방 때문이다.

(5) 포만감

지방은 탄수화물이나 단백질보다 위장관을 통과하는 시간이 길어 포만감을 줄 수 있다. 저지방식사는 쉽게 공복감을 느낀다. 즉, 고지방식이는 지방이 위에 오래 (4-6시간) 머물기 때문에 쉽게 허기를 느끼지 않게 된다.

2) 인지질

(1) 유화작용

인지질은 지방산인 소수성과 인산기의 친수성을 가져 양극성으로서 유화작용을 한다. 물과 기름에 인지질이 존재하면 물은 인지질의 친수성 부분으로, 기름은 인지질의 소수성 쪽으로 정렬해 작은 미셀을 형성함으로써 기름이 물에 잘 섞일 수 있게 한다. 유화작용은 지단백 형성 시 지질의 운반을 용이하게 하는데 기여한다.

(2) 세포막의 구성성분

인지질은 콜레스테롤과 함께 세포막의 주성분이다. 세포막은 지방 성분이 반유동성을 갖는 세포간질을 형성하고 그 안에 여러 형태의 막 단백질이 들어있는 상태이다. 세포간질의 대부분은 2층의 인지질로 이루어지는데, 인지질의 극성인 부분은 안과 밖의 수용성 환경에 접하고, 비극성 부분인 지방산은 안쪽으로 배열된다.

3) 콜레스테롤

(1) 세포막의 구성성분

콜레스테롤은 인지질과 함께 세포막을 구성한다. 간, 신장, 뇌 등에 많은 양의 콜레스테롤이 존재하며 세포막의 안정성에 기여한다. 세포의 수와 크기가 증가하는 유아기와 아동기에는 콜레스테롤 섭취량을 심하게 제한하지 않도록 해야 한다.

(2) 호르몬과 담즙산의 전구체

콜레스테롤은 에스트로겐 (estrogen), 테스토스테론 (testosterone), 코르티코스테로이드 (corticosteroid)와 같은 스테로이드계 호르몬의 전구물질이며, 7-디히드로콜레스테롤 (dihydrocholesterol)은 자외선에 의해서 비타민 D로 전환 될 수 있다. 콜레스테롤은 유화제로서 지질의 소화와 흡수에 중요한 담즙을 생성한다.

4) 필수 지방산

(1) 세포막의 구조적 안정성 유지

세포막은 인지질의 이중층으로 되어있는데, 인지질을 구성하는 포화지방산과 불포화지방산의 비율이 세포막의 유동성, 유연성, 투과성 등에 매우 중요하다.

(2) 혈중 콜레스테롤 감소

과잉의 유리 콜레스테롤과 결합하여 간으로 이동하여 담즙산으로 전환된 후 배설하여 혈중 콜레스테롤 농도를 감소시킨다.

(3) 두뇌발달과 시각기능 유지

지방은 뇌와 신경조직에 많고, 이들 세포막의 기능에 영향을 미친다. 대뇌피질의 막지질을 구성하는 포스파티딜에탄올아민 (PE), 포스파티딜세린 (PS)에 결합된 지방산 중 약 1/3이 DHA이다. 망막 광수용체의 바깥쪽 막 인지질을 구성하고 있는 PE도 많은 양의 DHA를 보유하고 있다. 성장기에 n-3계 지방산이 장기간 부족하면 인지기능과 학습능력, 시각기능이 저하 될 수도 있다.

(4) 아이코사노이드의 전구체

필수지방산은 아이코사노이드의 전구체로 이용되며, 아이코사노이드는 인지질의 탄소 수 20개인 지방산들이 유리된 후 산화되어 생긴 물질들을 총칭한다.

3. 지방의 소화, 흡수

1) 지방의 소화

소화는 인체 소화관에서 직접 흡수할 수 없는 큰 물질을 흡수 가능한 작은 물질로 만드는 것이다. 식품에서 섭취하는 대부분의 지방은 중성지방으로서 약 95%를 차지하며, 나머지 5%는 인지질과 콜레스테롤이다. 지방은 물에 불용성이므로 소화효소의 작용을 위해서는 먼저 유화되는 것이 필요하다.

지방의 유화제로는 레시틴과 간의 콜레스테롤로부터 생산되는 담즙 (bile)이 있다. 담즙은 지방을 유화시키고 지방 입자를 적게 하여 지방 표면적을 높여 소화효소와의 작용을 쉽게 하여 소화가 가능하도록 한다.

(1) 입과 위에서의 소화

입에서는 저작작용 이외에 소화효소를 분비하지 못하므로 화학적인 소화 작용이 거의 일어나지 않는다. 입에서는 단지 잘게 부수고 액체로 만들어 소화효소의 작용을 쉽게 하는 물리적 기능을 하며, 위에서는 위장 리파아제가 분비되어 유화된 지방의 일부분만을 소화한다.

(2) 소장에서의 소화

소장은 주로 지방의 소화가 일어나는 곳으로 십이지장의 점막에서 분비되는 콜레시스토키닌 (cholecystokinin, CCK)은 담즙분비를 자극하여 지방을 유화시키고, 그 결과 리파아제는 중성지방의 에스터 결합을 쉽게 분해할 수 있는 상태가 되며 췌장 리파아제와 소장 리파아제가 유화된 중성지방을 분해시킨다.

중성지방을 완전히 분해시키지는 못하고 약 20% 정도는 글리세롤과 3개의 지방산으로 분해되나 지방의 약 80%는 모노글리세라이드와 2개의 지방산 혹은 다이글리세라이드와 1개의 지방산으로 된다.

2) 지방의 흡수

소화기관에서 혈액으로 지방이 흡수되려면 지방의 대부분인 장쇄지방산과 중쇄지방산 및 모노글리세라이드는 담즙산과 결합하여 미셀 (micelle)을 만들어 융모의 안쪽 모세혈관에 흡수되어야 한다.

이때 점막세포는 필요에 따라 지방의 분해를 더 진행 시킬 수도 있고, 체액으로 들어갈 수 있는 분자의 선택, 중성지방의 재합성, 단백질 운반체와 지방의 결합 등을 수행한다. 지방의 소화물질인 미셀은 공장 (jejunum)의 점막세포에 운반되어 흡수된다.

담즙은 대부분 소화기관의 내강에서 재흡수되어 문맥을 통과하여 간에서 재이용된다. 점막세포 안에서 소장 리파아제는 지방을 더 분해시킨다. 그 결과 약 1/3은 글리세롤, 단쇄지방산, 중쇄지방산 등 수용성 물질은 문맥을 통해 간으로 운반되나 나머지 2/3는 탄소수 14개 이상의 장쇄지방산과 모노글리세라이드, 다이글리세라이드 등은 곧 중성지방으로 합성되어 킬로마이크론 (chylomicron)을 형성한다. 이것은 림프로 연결된 작은 유미관으로 들어가 림프를 거쳐 흉관을 지나 혈액에 합류한다. 지방 분자의 크기와 용해도에 따라 혈액이나 림프로 운반된다.

콜레스테롤도 담즙산과 미셀을 만들어 융모에 흡수된 후 킬로마이크론으로 되어 임파관에서 흉관을 거쳐 혈액으로 들어간다. 지방의 소화와 흡수는 담즙의 영향을 받으므로 담관이 막히는 등 생리적 변화는 지방의 소화흡수에 지장을 준다.

3) 지방의 체내 운반

지방은 지단백질이라는 특별한 수송체의 형태로서 혈액 내에서 운반된다. 지단백질의 종류는 크게 4가지가 있으며, 각각의 특징과 역할은 다음과 같다 (표 4-1).

표 4-1. 혈청 지단백질의 종류와 특징

지단백 종류	주요 생성장소	특 징
카일로미크론 (chylomicron)	소장	섭취한 중성지질을 체내로 운반
VLDL (초저밀도지단백)	간	간에서 합성되는 중성지질을 조직으로 운반
LDL (저밀도지단백)	혈액에서 VLDL이 전환	조직으로 콜레스테롤 운반 LDL 수치가 높을수록 심혈관계 질환의 발병 위험도 증가
HDL (고밀도지단백)	간	조직의 콜레스테롤을 간으로 운반하여 체외로 배설 HDL 수치가 높을수록 심혈관계 질환 발병 위험도 감소 (항동맥경화성 지단백)

자료 : 라이프사이언스, 최혜미

4. 지방의 대사

1) 지단백질 대사

지단백의 대사 과정은 식사 직후와 공복 시에 다르게 나타난다.

(1) 식사 직후

식사 직후 지질은 지질합성이 증가하는 쪽으로 진행되어 여분의 포도당을 지질로 저장하는 경로가 촉진되고, 아세틸 CoA 카르복실화효소, 지방산 합성효소, 말산효소, NADPH를 공급하는 오탄당 회로의 효소들의 활성도가 증가한다.

세포 밖의 지방을 분해시키는 LPL 활성이 촉진되어 식사로 공급받거나 간에서 합성된 TG를 분해해 조직으로 흡수한 후 에너지로 사용하거나 주로 나중에 사용하기 위해 중성지방의 형태로 저장된다. 지방조직 내의 중성지방을 분해시키는 호르몬 민감성 지질분해효소 (hormone sensitive lipase: HSL)의 활성은 감소되어 불필요하게 중성지방을 분해시키지 않는다.

중쇄지방산은 에너지 생성에 우선 사용되고 장쇄지방산은 저장된다. 지방산의 불포화 과정은 간에서 일어나는데 새로 만든 EPA, DHA 등은 간세포막 인지질에 결합되기도 하고 다른 조직으로 이동되기도 한다. 지방산은 체내에서 장쇄화와 불포화 반응을 거치기도 하며, 그 예로 리놀레산은 아라키돈산으로 전환되어 세포막의 인지질을 형성한다.

(2) 공복 시

공복 시에는 포도당의 저장형태인 글리코겐이 분해된다. 간의 지질이나, VLDL 등에서 방출되는 지방산이 에너지원으로 사용된다. 식사 직후와는 달리 호르몬 민감성 지질분해효소의 활성이 증가되고 LPL 활성은 감소된다.

호르몬 민감성 호르몬의 작용으로 지방조직에서 방출된 지방산은 알부민의 도움으로 혈액 내에서 이동하며, 조직의 막을 통과하고 그 곳에서 산화하여 에너지원이 된다. 공복이 지속되면 지방산은 간에서 케톤체를 형성하여 근육 등 다른 조직의 에너지원으로 사용되기도 한다.

2) 중성지방의 대사

(1) 지방분해

지방분해는 주로 공복 시에 지방조직이나 간 등에 저장된 중성지방이 글리세롤과 지방산으로 분해되는 것을 의미하지만 지방산의 산화는 미토콘드리아에서 일어나므로 세포질에 있는 지방산이 미토콘드리아로 이동되어야 한다.

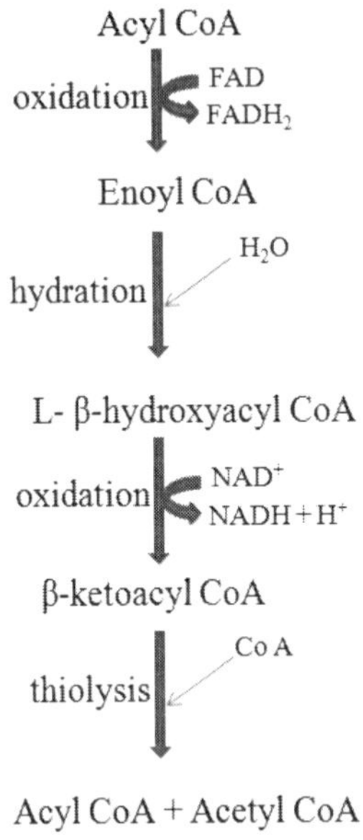

그림 4-3. 지방산의 β −산화 과정

지방산은 아실 CoA로 활성화 된 후 카르니틴과 결합하여 미토콘드리아 내부로 이동하며, 여기서 다시 아실CoA로 전환된 후 β-산화가 일어난다. β-산화는 지방산의 분해 시 β-위치에 있는 탄소에서 탈수소반응, 수화반응, 탈수소반응, 티올분해반응 등에 의해 원래의 아실 CoA보다 탄소 수가 2개적은 지방산 아실 CoA가 생성되는 과정을 말한다. 위의 과정을 반복하면 결국 여러 개의 아세틸 CoA가 생성되고, 이것이 TCA 회로에서 에너지를 생성 한다 (그림 4-3).

아실 CoA에서 1개의 아세틸 CoA가 생성될 때마다 $FADH_2$와 NADH가 생성되고 이들은 전자전달계로 가서 4개의 ATP를 생산한다. 불포화지방산은 이중결합의 2개 앞쪽 탄소에 이성질화효소가 작용하여 이중결합을 이동시킴으로써 에노일 CoA가 된다. 형성된 에노일 CoA는 포화지방산과 마찬가지로 β-산화과정을 거친다. 지질 분해로 생성된 지방조직의 글리세롤은 간으로 이동하여 글리세롤 3-인산으로 전환되어 해당과정으로 들어가거나 포도당신생과정에서 포도당 합성의 전구체로 이용되기도 한다.

(2) 지방합성

지방산 합성은 간이나 지방세포의 세포질과 미토콘드리아에서 각각 독립적으로 일어 날 수 있으나 미토콘드리아에서의 합성은 별로 중요하지 않다. 지방산 합성에 기질로 이용되는 아세틸 CoA는 당질대사, 일부 아미노산의 탄소골격 분해, 지방산의 산화에서 유래한다. 지방산 합성은 주로 세포질에서 이루어지고, 아세틸 CoA는 미토콘드리아에서 생성되므로 지방산 합성을 위해 아세틸 CoA가 미토콘드리아에서 세포질로 이동되어야 하는데 아세틸 카르니틴으로 되어 막을 통과하거나 옥살로아세트산에 아세틸기를 주고 시트르산으로 되어 막을 통과한 후 다시 아세틸 CoA로 전환된다.

아세틸 CoA는 비오틴 조효소로의 촉매작용으로 아세틸 CoA 카르복실화효소에 의해 말로닐 CoA를 형성한다. 말로닐 CoA는 아세틸 CoA와 NADPH를 이용해 장쇄포화지방산을 합성한다. 지방산 합성에 사용되는 NADPH는 오탄당 인산경로에서 공급되거나, 말산효소의 작용으로 말산이 피루브산으로 전환되는 과정을 통해 공급되기도 한다.

탄수화물 섭취가 증가하거나 글루코스 6-인산 탈수소효소의 활성이 증가되면 NADPH가 증가해 지방산 합성이 증가한다. 아세틸 CoA로부터 지방산의 합성이 이루어지면 인체는 이 지방산의 탄소 수를 더 늘리거나 불포화도를 증가시킬 수가 있다. 이렇게 생성된 지방산은 해당과정의 중간산물인 글리세롤 3인산과 결합하여 중성지방을 생성한다.

5. 지방과 운동

운동 중 에너지 생산에 관여하는 주된 두 가지 에너지원은 근육 글리코겐 형태의 탄수화물과 지방산 형태의 지방이 기본기질로 사용되며 이것은 운동강도, 운동 지속시간을 포함한 여러 가지 요인에 의해 결정된다.

근육세포에서 운동 중 지방산의 이용은 혈중 카이로마이크론에 있는 중성지방과 VLDL과 같은 다양한 물질로부터 제공되는데, 이들은 지방으로부터 발생한 에너지 중 약 10% 정도라고 한다. 혈중 유리지방산은 지방세포에 있는 중성지방의 저장물로부터 빠르게 공급되고 재충전된다.

휴식 기간 동안 체내 지방은 유리지방산을 통해 세포 내에서 신체가 요구하는 에너지를 발생시킨다. 이때 혈중 유리지방산을 다시 보충하기 위해 지방세포로부터 지방산이 계속해서 분해된다. 휴식동안 방출된 대부분의 유리지방산의 70% 가량은 실제로 다시 중성지방으로 저장되고 나머지는 활동 중 에너지로 사용된다.

운동 중에는 단지 유리지방산의 25%만이 다시 중성지방으로 되돌아가고, 75% 이상은 근육으로 전달되어 대량의 에너지를 생산하는데 관여한다. 운동 중 호르몬 감수성 지방분해효소를 활성화시키는 에피네프린 (epinephrine)이 분비되는데, 에피네프린은 지방세포의 분해를 촉진하여 근육세포에 유리 지방산을 운송한다. 이러한 지방산은 미토콘드리아 내로 들어가 β-산화를 통해 아세틸 CoA를 생성하여 TCA회로를 통해 에너지를 생성한다.

낮은 강도의 운동은 주로 지방을 주요 에너지로 사용하며, 탄수화물은 높은 강도의 운동일 때 주요 에너지원으로 사용된다. 또한, 낮은 강도의 장시간 운동일 경우에는 활동근육에 의해 산화된 지방의 양은 점차적으로 증가한다.

다시 말하면 지방은 안정 시 또는 낮은 강도의 운동에서 근육의 주요 에너지원으로 사용되며 탄수화물은 최대산소섭취량의 70% 이상인 고강도 운동의 주요 에너지원으로 사용된다. 운동강도가 증가함에 따라 지방보다 탄수화물에서 공급되는 에너지의 비율이 높은 운동강도 지점이 있는데 이 지점을 연료교차 지점이라고 한다. 따라서 운동강도가 증가함에 따라 연료교차 지점을 지나면 에너지 공급이 지방에서 탄수화물로 점진적으로 변환된다.

낮은 강도의 운동에서는 에너지의 공급 속도는 느려지고 지방을 연소시켜 에너지를 생성할 수 있는 시간이 생기기 때문에 근육 내 글리코겐의 소비는 줄어든다. 즉, 체내에 대량으로 축적되어 있는 지방을 충분히 에너지원으로 이용할 수 있다.

그러나 지방을 분해하여 에너지를 만들어내는 반응에는 글리코겐 등의 물질도 필수적이기 때문에 글리코겐이 완전히 고갈된 상태에서는 에너지를 만들어 낼 수 없게 되고, 근육은 피로하여 움직일 수 없게 된다. 낮은 강도에서 운동을 지속할 수 있는 것은 주로 지방이 에너지원으로 사용되고 글리코겐이 절약되기 때문에 고갈될 때까지 장시간의 운동이 가능해진다.

고강도 운동기간 중 주된 에너지원으로서 유리지방산의 에너지 이용을 제한하는 요인은 지방세포로부터의 유리지방산 방출감소, 알부민에 의한 지방산 운송능력 감소, 근육세포에 의한 지방산의 유입감소, 보조세포 내에서의 지방산 이용감소 등이 있다.

또한 고강도 운동으로 젖산의 농도가 높아지면 지방세포로부터 유리지방산의 방출이 감소하며 유리지방산이 방출된다 하더라도 세포 내 미토콘드리아 내로 유리지방산의 운송 능력이 근육세포 내에서 저하된다. 장거리 육상선수들의 경우, 고강도 훈련 시에 필요한 많은 에너지를 지방산으로부터 생산하는 능력이 높은데 그 이유는 근육 내의 글리코겐을 경기 후반부에 사용하기 위해서 비축하는 것이 매우 중요하기 때문이다.

근육 글리코겐이 일단 고갈되면 결국 전체 에너지는 지방산에 의존하여 운동선수의 훈련강도는 점차 줄어들게 될 것이다. 지구력을 요하는 선수들에게 중요한 것은 지방을 산화시킬 수 있는 능력을 증가시키는 것이다.

Memo

Memo

Memo

제 5장. 단백질과 운동

1. 단백질의 정의 및 분류와 구조

1) 단백질이란?

단백질 (protein)은 다른 에너지원인 탄수화물, 지방과 함께 3대 영양소라고 불리며, 희랍어인 'proteios (으뜸가는 것:to take the first place)'에서 유래되었다. 어원에서 알 수 있듯이 단백질은 탄수화물, 지방과 함께 생체기능에 중요한 역할을 담당하고 있다.

인체의 세포에서 수분 다음으로 풍부하게 존재하는 단백질은 식품을 통해 체내에서 필요한 만큼 규칙적으로 공급해주는 일은 건강 유지에 필수적이다. 단백질은 근육과 피부, 뼈와 혈액 등을 만드는 구성요소이기도 하며, 호르몬, 효소, 항체 등의 형성 및 생리조절기능에도 관여하는 영양소이다.

천연의 단백질은 탄소 (53%), 수소 (7%), 산소 (23%), 질소 (16%) 및 유황 (1%), 그 외에도 소량의 인 (P), 철 (Fe)등으로 이루어져 있다. 이들 원소가 각각 여러 종류의 아미노산을 구성하고 있으며 단백질은 아미노산이 결합된 분자량이 큰 물질이다.

일상식품에서는 20여종의 아미노산이 작은 것은 수십 개가 결합되어 단백질을 이루고, 큰 단백질은 수천 개 내지 수만 개가 결합되어 단백질을 이룬다. 이때 아미노산의 결합은 펩티드 결합 (peptide linkage: 한 아미노산의 아미노기 ($-NH_2$)와 다른 아미노산의 카르복실기 (-COOH)가 물 한 분자를 유리시키면서 결합하는 것)을 하고 있으며 단백질의 종류는 이들 구성 아미노산의 종류와 결합상태에 따라 달라진다.

한편, 외부로부터 단백질의 공급이 충분하지 않을 때에는 체조직이 분해되어 생리적으로 중요한 조절소로 전환되어 생명현상을 유지한다. 단백질을 함유하고 있는 식품으로는 살코기, 생선, 달걀, 우유, 콩류 등이 있다.

2) 단백질의 분류

생체 내에 수천 가지의 다른 형태로 존재하는 단백질을 그 구성성분으로 분류하면 크게 단순 단백질과 복합 단백질로 나눌 수 있다. 단순단백질은 아미노산 외에 다른 화학성분을 함유하지 않는 단백질을 말한다.

한편, 복합단백질은 아미노산 외에 몇 가지 화학성분을 함유하는 단백질로서 비아미노산 부분을 보결기라고 하는데, 보결기는 단백질의 생물학적 기능에 중요한 역할을 하며 보결기의 화학적 성질에 따라 복합단백질을 분류 한다 (표 5-1).

표 5-1. 복합단백질의 분류

분 류	보 결 기	예
지단백질	지방질	카일로미크론, VLDL, LDL, HDL
당단백질	탄수화물	소장 점액 중의 뮤신, 혈중 면역 글로불린 G
인단백질	인산기	우유의 카제인, 계란의 오브비텔린
헴단백질	헴	헤모글로빈, 미오글로빈
플라빈 단백질	플라빈 뉴클레오티드	숙신산 탈수소효소
금속단백질	철, 아연, 칼슘, 구리 등	페리틴, 알코올탈수소효소, 칼모듈린, 인슐린

단백질은 또한 생체 내에서 수행하는 기능에 따라 효소, 운반단백질, 영양단백질, 운동단백질, 구조단백질, 방어단백질, 조절단백질, 기타로 분류할 수 있다 (표 5-2).

표 5-2. 기능에 따른 단백질의 분류

기능	단백질 종류
효소	펩신, 트립신, 포도당 인산화효소
운반단백질	지단백질, 헤모글로빈, 트랜스페린
영양단백질	알부민, 카제인
운동단백질	액틴, 미오신, 튜블린(편모섬모운동)
구조단백질	콜라겐, 엘라스틴, 케라틴, 피브린,
방어단백질	면역 글로불린, 피브리노겐, 트롬빈

조절단백질	인슐린, 글루카곤, 성장호르몬
기타	감미단백질, 부동단백질

또한, 단백질은 함유된 아미노산의 종류와 양에 따라 완전단백질과 불완전단백질로 분류 할 수 있다. 완전단백질은 생명유지와 성장발달에 필요한 모든 필수아미노산을 필요량만큼 함유하고 있는 단백질을 말하며, 생체 이용율이 높아서 일반적으로 양질의 단백질이라고 한다.

거의 모든 동물성 단백질은 완전단백질이며, 우유의 카제인 (casein), 달걀이나 혈청에 있는 알부민 (albumin), 글로불린 (globulin) 등이 대표적이다. 불완전단백질은 성장과 생명유지에 필요한 필수아미노산 중 하나 또는 그 이상의 아미노산이 결여되어 체단백질의 합성을 위한 모든 아미노산을 제공할 수 없는 단백질을 말하며, 거의 모든 식물성 단백질이 여기에 속하며 젤라틴, 옥수수의 zein, 대두를 제외한 콩류단백질이 여기에 포함된다.

3) 아미노산의 분류

표 5-3. 필수아미노산과 불필수아미노산의 분류

종류	국문명	영어명 (leucine)	약 자	참고
필수 아미노산	루신	leucine	Leu.	
	이소루신	isoleucine	Ile	
	라이신	lysine	Lys.	
	발린	valine	Val.	
	페닐알라닌	phenylalanine	Phe.	
	트레오닌	threonine	Thr.	
	트립토판	tryptophan	Trp.	
	메티오닌	methionine	Met.	
	히스티딘	histidine	His.	어린이는 합성할 수 없으므로 어린이의 경우 필수아미노산으로 분류

불필수 아미노산	알라닌	alanine	Ala.	
	아스파르트산	aspartic acid	Asp.	
	아스파라긴	asparagine	Asn.	
	시스테인	cysteine	Cys.	
	글루탐산	glutamic acid	Glu.	
	글루타민	glutamine	Gln.	
	글리신	glycine	Gly.	
	프롤린	proline	Pro.	
	세린	serine	Ser.	
	티로신	tyrosine	Tyr.	
	아르기닌	arginine	Arg.	

단백질의 기본적인 구성단위인 아미노산은 동일한 탄소원자에 한 개의 카르복실기 (-COOH), 한 개의 아미노기 ($-NH_2$), 수소원자 및 곁가지 -R이 결합되어 있다. 곁가지 -R의 구조에 의해 아미노산 고유의 화학적 특징을 나타내며, 아미노산의 형태와 이름이 결정된다. 아미노기가 하나 더 붙으면 염기성, 카르복실기가 더 붙으면 산성 아미노산으로 분류되며, 그 외에 중성, 지방족, 방향족 아미노산으로 분류한다.

아미노산은 인체가 필요로 하는 생리적 요구량의 합성 가능 여부에 따라 필수아미노산과 불필수 아미노산으로 분류한다. 탄수화물이나 지방으로부터 합성되는 아미노산을 불필수 아미노산이라 하고, 체내에서 합성되지 않으므로 반드시 식품으로부터 공급되어야 하는 아미노산을 필수아미노산 이라고 한다 (표 5-3).

4) 단백질의 구조

단백질은 20개의 아미노산이 수많은 조합에 의해서 만들어지기 때문에 종류가 다양하며 단백질을 형성하기 위해서는 두 아미노산 분자 사이에서 한쪽의 아미노기 ($-NH_2$)와 다른 쪽의 카르복실기 (-COOH)가 결합하는 펩티드 (peptide)결합에 의해 계속 결합되어야 한다. 단백질의 구조는 1차, 2차, 3차, 4차 구조로 되어있다.

(1) 1차구조

단백질 내에서 펩티드 결합으로 이루어진 아미노산의 배열을 1차 구조라고 한다.

(2) 2차 구조

단백질의 2차 구조는 이웃하는 아미노산 사이의 상호작용으로 이루어진다. 한 가닥의 실과 같은 형태인 1차 구조물이 회전, 접힘, 꼬임 등의 과정을 거쳐 나선구조를 갖는 α-helix 구조나 병풍구조를 갖는 β-sheet 구조 및 또 다른 여러 종류의 불규칙한 구조를 나타내며 주로 수소 결합에 의해 안정화된다.

(3) 3차 및 4차 구조

단백질의 기능을 수행하기 위한 3차원적인 입체구조이며, 수소결합, 반데르발스 결합, 이온결합, 소수성 결합 등의 비공유결합 혹은 시스테인 잔기 사이의 이황화 결합에 의해 안정화 된다.

아미노산 잔기의 특성에 따라 주로 친수성 잔기들이 단백질의 표면에 위치하며 소수성 잔기들이 안으로 숨어들어가 형성하는 3차원적 입체구조를 3차 구조라 한다. 4차 구조는 3차원적 입체구조를 갖는 폴리펩티드 사슬이 소단위가 되어 다시 입체적으로 배열되어 큰 단백질 구조를 형성하는 중합구조를 4차 구조라고 한다.

2. 단백질의 생리적 기능

단백질은 생명유지에 필수적인 영양소로 종류도 매우 다양하고 각기 독특한 기능을 가진다. 식품 속의 단백질로부터 소화 흡수된 아미노산은 충분히 에너지가 공급된 상태에서는 효소, 체구성 성분, 혈액내의 운반 단백질, 면역체, 조절인자, 근육수축단백질 등으로 합성되어 기능을 수행한다.

1) 신체조직의 성장과 유지

단백질은 신체조직을 구성하는 세포조직의 성분이며 세포막, 근육, 피부, 뼈, 혈액 등의 주요 구성성분으로서 새로운 세포를 합성하거나 세포의 유지 또는 붕괴된 조직을 보수하고 재합성하는데 매우 중요한 기능을 한다.

특히 성장기, 임신 및 수유기에 단백질이 많이 요구되며, 성장이 끝난 후에는 신체 조직이 증가하지 않지만 체조직의 분해와 합성이 동시에 계속되기 때문에 필요한 단백질은 매일 공급되어야 한다.

2) 효소, 호르몬 및 면역체 형성

단백질은 생체의 중요한 기능을 담당하는 효소, 호르몬, 항체와 같은 면역조절물질의 주성분이다. 소화과정과 물질의 대사에 관여하는 효소들이나 인슐린, 글루카곤, 아드레날린, 티록신, 성장호르몬과 같은 생리작용을 조절하는 호르몬 등이 단백질로 구성되어 있다.

단백질은 면역체계에서 사용되는 세포들의 주요성분을 구성하며, 면역세포에서 생성하는 항체로서 작용하는 질병에 대한 저항력을 지닌다. 식품에서 섭취하는 단백질이 충분하지 못하며, 면역체계의 세포가 부족하거나 작용하는 기능이 떨어져서 전염병에 대한 저항력이 약해진다.

3) 체액의 균형 유지

혈액에 있는 단백질인 알부민과 글로불린 등은 체내 수분평형을 돕는 작용을 한다. 혈중 단백질은 분자량이 커서 모세혈관을 빠져나가지 못해 혈관내의 삼투압을 조직보다 높게 유지시키는데 중요한 역할을 하므로 수분을 혈관에 보존하는 작용을 한다.

식이섭취를 통해 단백질을 충분히 공급하지 못하면 혈액 중의 단백질 양이 감소하여 말초 모세혈관이 있는 손, 발 등의 말초조직에 부종이 나타난다.

4) 체액의 산·염기 평형 유지

단백질은 분자 내에 양이온과 음이온을 가지고 있는 양성물질이므로, 체액이 산성이 되면 알칼리성으로, 알칼리성이 되면 산성으로 작용하는 완충작용을 하여 체액의 pH가 항상 일정한 상태 (pH7.35-7.45)로 유지되도록 한다.

5) 산소 및 영양소 운반

혈액에 존재하는 여러 단백질은 영양소와 산소를 필요한 세포로 운반해 주는 운반체 역할을 한다.

6) 에너지 공급원

탄수화물이나 지방이 부족한 경우나 단백질 섭취가 지나치게 많을 경우 에너지원으로 사용된다. 보통 체내에서 사용되는 에너지의 2-5%를 제공한다.

단백질 1g은 4kcal의 에너지를 생성한다. 그러나 단백질은 매우 비효율적인 에너지원으로서 간, 신장에서 암모니아 배설을 위해 요소를 합성하는 과정에서 일부 에너지를 소모한다.

7) 포도당 합성을 통한 혈당유지

신경조직이나 적혈구의 에너지원으로 포도당을 지속적으로 공급해주기 위하여, 탄수화물을 충분하게 섭취하지 못한 경우, 아미노산을 전구체로 하여 간이나 신장에서 당신생 과정을 통해 포도당을 합성한다. 기아상태에서 당신생 과정이 지속되면 근육이 소모된다.

3. 단백질의 소화, 흡수

단백질의 소화는 위에서 위산에 의해 변성이 되면서 시작된다. 위와 소장을 거치며, 각종 펩티드 분해효소에 의해 아미노산으로 분해되어 소장의 흡수세포를 통하여 융모에 있는 모세혈관으로 들어가서 간으로 운반된다.

1) 단백질의 소화

단백질은 분자량이 큰 거대분자로 소화관의 막을 통해서 직접 흡수되지 못하므로 가장 저분자의 영양물질 형태인 각종 아미노산으로 가수분해 되어야 한다. 단백질이 아미노산으로 가수분해 되기 위해서는 먼저 변성이 일어나야 하고 각종 소화 효소의 작용에 의해 펩티드 결합이 분리되어야 한다.

변성이란 펩티드 결합들이 전혀 파괴되지 않고 단백질 분자의 공간적 배열이나 모양에 변화가 생기는 것을 말한다. 단백질은 산, 열, 주위의 수소이온 농도 (pH) 및 소금농도에 의해서 변성 될 수 있다.

위에서 단백질이 위산에 의해 변성되면 단백질을 분해하는 효소인 펩신 (pepsin)이 작용하기 시작한다. 펩신은 주세포들로부터 자가소화를 방지하기 위해 불활성 전구체인 펩시노겐 (pepsinogen)으로 분비되어 위액 내의 염산의 작용에 의하여 펩신으로 활성화 된다. 활성화된 펩신은 단백질을 보다 더 작은 단백질의 단위인 펩톤으로 분해한다. 펩신의 분비는 가스트린 (gastrin)이라는 호르몬에 의해 조절된다.

단백질의 분해물이 십이지장으로 이동되면 세크레틴 (secretin)이라는 호르몬이 분비되며 췌장에서는 불활성의 트립시노겐이 엔테로키나아제 (enterokinase)에 의해 트립신 (trypsin)으로 활성화되고 또한 키모트립시노겐 (chymotrypsinogen)도 트립신에 의해 키모트립신 (chymotrypsin)에 의해 폴리펩티드 (polypeptide)가 다이펩티드 (dipeptide)로 분해된다.

소장에서는 아미노펩티다아제 (aminopeptidase)에 의해 폴리펩티드가 아미노산으로 되고 다이펩티다아제 (dipeptidase)에 의해 다이펩티드가 아미노산으로 된다. 이러한 과정을 거치면서 체내에서 일어나는 단백질의 평균 소화흡수율은 약 92% 정도의 수준이 된다.

2) 단백질의 흡수

소화에 의해 생성된 아미노산은 소장의 점막세포에 있는 융모벽을 통과하여 모세혈관을 통해 단순 확산이나 Na^{+}-K^{+} 펌프와 같은 능동적 수송에 의하여 흡수되며 그 일부는 림프관에 들어가 흉관을 지나 문맥계로 들어간다. 흡수된 아미노산은 문맥을 거쳐 간장으로 가고 다른 조직으로 운반될 때까지 아미노산 풀 (amino acid pool)을 이룬다.

4. 단백질 및 아미노산의 대사

1) 단백질 대사

생명체 내에서는 생체 성분이 끊임없이 분해·합성반응이 동시에 일어나고 있으며, 하루에 약 250-300g의 단백질이 합성되고 분해되면서 동적 평형상태를 유지하는데 이를 단백질 전환이라고 한다. 성장기의 쥐는 하루에 3-4회의 단백질 전환이 일어난다고 보고되고 있다.

분해·합성되는 단백질 양의 5/6 정도는 단백질 분해 후 재이용되므로 식품에서 매일 공급되어야 하는 단백질의 필요량은 하루 분해·합성되는 단백질 양의 약 1/6 정도이다. 아미노산 풀은 아미노산이 모여 저장된 곳을 의미하며, 조직에서 여러 종류의 단백질을 형성하는데 필요한 아미노산을 공급해준다.

단백질의 분해로 생성된 아미노산은 재활용되며, 세포마다 아미노산의 풀이 있다. 아미노산의 풀 크기는 식이 섭취량, 체내함량, 재활용 등에 의해 결정되며 아미노산 풀이 지나치게 크면 과잉 아미노산들이 에너지, 포도당, 지방생성에 사용된다.

단백질의 섭취량이 부족하면, 아미노산 풀이 감소하고 부족한 아미노산은 세포내 단백질을 분해하여 사용한다. 그렇게 때문에 충분한 단백질을 섭취하여 단백질 합성에 필요한 필수 아미노산을 공급하고 불필수 아미노산의 합성에 필요한 질소를 공급해 주어야 한다,

2) 아미노산 대사

(1) 탈아미노 반응 (deamination)

아미노산의 분해과정에서 가장 먼저 이루어지는 것으로서 탈아미노 반응은 아미노기가 떨어져 나가 α-케토산과 암모니아를 생성하는 산화적 반응이다. 이때 생긴 α-케토산은 TCA cycle에 들어가 에너지를 생산하거나 아니면 당질이나 지질을 생성한다.

아미노산 가운데 피루브산이나 TCA cycle로 들어가서 포도당이나 글리코겐을 생산할 수 있는 것을 당생성 아미노산이라 한다. 사람이 장시간동안 굶거나 당뇨병 등의 질환에 의해 체내 당질공급이 부족하게 되면 이 경로를 사용하여 에너지를 공급받게 된다.

(2) 아미노기 전이반응 (transamination)

아미노기 전이반응은 한 아미노산의 아미노기를 아미노산이 아닌 다른 물질의 탄소골격에 전달하여 새로운 아미노산을 형성하는 과정을 말한다.

아미노기 전이반응은 주로 불필수 아미노산의 합성, 혹은 아미노산의 탄소골격을 이용한 포도당 신생합성이나 에너지 생성을 위해 일어난다. 비타민 B_6 로부터 피리독살 인산 (pyridoxal phosphate)이 조효소로서 아미노기를 옮겨 주는 역할을 한다.

(3) 아미노산 탄소골격의 분해

하나의 아미노산으로부터 질소가 분리되어 나가는 탈아미노반응 후에 아미노산의 탄소 골격이 탄수화물이나 지방이 분해되는 경로로 합류하여 대사된다. 아미노산의 탄소골격이 궁극적으로 대사되는 경로에 따라 포도당 생성 또는 케톤 생성 아미노산으로 분류한다.

(4) 요소의 생성

아미노산에서 이탈한 아미노기는 암모니아를 생성하는데 이는 유독하므로 빨리 밖으로 배설하거나 무해한 물질로 변환시켜야 한다. 암모니아는 혈액을 통해 간으로 운반된 후 간세포에서 이산화탄소와 결합하여 무해한 수용성의 요소로 전환되었다가 신장을 통해 체외로 배출시키게 된다.

5. 단백질과 운동

웨이트 트레이닝과 같은 근력운동은 근육의 비대를 촉진하기 때문에 이러한 운동을 실시하는 기간에는 특히, 근육을 구성하는 단백질을 적정하게 공급해 주는 것이 중요하다, 또한, 운동기간 중에는 운동강도가 심한 경우에 적혈구 파괴도 촉진되므로 단백질과 더불어 철의 공급도 중요하다. 이상적인 단백질 섭취량은 하루에 체중 1kg당 0.8g이다.

따라서 체중 70kg의 일반 성인에게 필요한 일일 단백질량은 70×0.8=56g으로 산정할 수 있다. 그러나 격렬한 운동을 하고 있는 기간 중에는 하루에 체중 1kg 당 2-2.5g까지도 섭취하기도 한다. 전문적인 운동선수의 경우 종목마다 차이는 있겠지만 하루 평균 3,000-4,000kcal의 열량을 섭취한다. 총섭취열량 중 단백질 섭취 비율은 12-15%로 권장하고 있다. 만일, 운동선수가 총섭취열량 중 15%를 단백질로부터 얻고 있다면 단백질 섭취량은 체중 1kg 당 1.9-2.1g이 된다. 이 수치는 운동선수들에게 권장되고 있는 1일 섭취량을 대체로 충족시키는 양이다.

단단한 근육을 만들고 근력과 순발력을 향상시키기 위해서는 단백질의 공급이 중요하지만, 필요 이상의 섭취는 신장 기능에 부담을 주고, 체내에서의 함질소화합물의 분해대사를 높이고, 요산을 필요 이상으로 생성시켜 통풍을 촉진 시킬 가능성이 높아진다. 특히, 경기 시즌 중의 선수처럼 섭취 칼로리가 매우 많은 경우에는 단백질의 섭취에 너무 신경 쓸 필요는 없고, 오히려 단백질의 과잉섭취에 유의해야 할지도 모른다.

현재 운동기간 중의 단백질 섭취량을 어느 정도 설정하면 좋은지에 관해서는 확실한 결론이 나와 있지 않지만, 운동함으로써 증가된 식사섭취량에 비례하여 단백질의 섭취량을 늘릴 필요는 없고, 통상적인 생활에서 섭취하는 양보다 약간 많은 정도면 좋다고 볼 수 있다.

식사의 증가분은 탄수화물>지방>단백질의 순으로 하도록 한다. 식사의 총 섭취량이 매우 많은 경우에는 섭취하는 단백질 양보다 양질의 단백질을 선택하는 것이 중요하다. 적정량의 단백질 파우더와 함께 복합 아미노산을 하루에 수차례 정도 섭취하는 것은 식품으로서 섭취하는 단백질과 함께 양질의 단백질 공급원이 될 것이다.

동물성 단백질이 식물성 단백질보다 영양가가 높으므로, 육류나 어패류를 적당히 섭취할 때는 하루 80g의 단백질 섭취가 좋은 사람이라도 채식 중심의 식사에서는 150g 정도의 단백질 섭취가 필요한 경우도 있다.

근육량을 늘리기 위한 운동으로서는 웨이트트레이닝이 가장 효과적인데, 이것은 근육을 혹사하고 근섬유를 파괴한 후에 근섬유과잉수복 작용을 일으키기 때문이다. 근육의 수복에는 성장호르몬 등이 관계하고, 혈중 아미노산 섭취의 증가와 단백질 합성 작용을 촉진시켜 근육을 원래보다 강하게 재생하는 것이다.

따라서 근력향상을 위해서는 트레이닝의 시간·호르몬의 생리적 분비시간·근육의 재료가 되는 식사의 시간 등 서로간의 타이밍이 잘 맞는 트레이닝이 중요하다. 예를 들면 연습시간의 마지막에 웨이트 트레이닝을 실시하고 비교적 신속히 식사를 하여 근육 생성 재료를 공급한 후, 체내의 호르몬 균형이 체합성에 맞도록 수면을 취하는 것이 근육을 효율적으로 증가 시키는데 적합하다.

1) 단백질 섭취시기

트레이닝 시 우리 몸은 근육 내 저장되어 있는 운동에너지인 글리코겐을 에너지로 활용하여 고강도 트레이닝을 가능하게 하고, 근육 섬유질을 파괴한다. 운동 후에는 이런 과정을 역학적으로 반복하게 된다. 즉, 운동으로 사용한 글리코겐을 보충하려 하고 나중에는 파괴된 근육 섬유질 재생을 위해서 근육의 재료인 단백질을 흡수하려 한다. 그렇기 때문에 운동 후 30분 이내에 100g의 단당류 탄수화물과 1시간 이내에 30g 이상의 단백질을 섭취하는 것이 좋다.

즉, 운동 후 빠른 소화흡수를 통한 글리코겐 보충을 위해 단당류 탄수화물이 필요로 하듯이, 단백질도 소화흡수가 잘되고 생물가가 우수한 양질의 단백질이 필요한데 이때 알맞은 단백질 보충 방법이 보충제를 이용하는 것이다.

운동으로 과부하를 받고 미세하게 파괴된 근육 섬유질은 수면 중에 신진대사를 활용하여 섬유질 재생에 들어가며, 이때 필요한 양질의 단백질을 수면 전에 미리 체내에 보충하여 빠르고 두터운 근섬유의 형성을 도모하는 것이다.

수면 시 가장 활발한 신진대사는 근육의 피로 물질인 젖산을 분해하려 하고, 근섬유를 재생하려 하는데 소화흡수가 잘되는 보충제를 잠자기 1시간 전에 미리 섭취해 주면 우리 몸은 잠을 자는 편안한 시간 내에도 근육을 성장시킬 수 있다.

일반인의 경우 단백질을 소화 흡수하는 시간과 양은 30g 당 3-4시간이다. 그 시간대 나머지 단백질은 잉여 칼로리로 지방으로 전환되어 축적된다. 하지만 운동선수들은 지속적인 트레이닝과 충분한 영양섭취로 일반인들보다 훨씬 단백질의 소화흡수 능력이 좋기 때문에 지방으로 거의 축적되지 않는다.

Memo

Memo

제 6장. 비타민과 운동

1. 비타민의 유래

비타민이라는 이름의 유래는 1912년 폴란드 출신의 생화학자인 캐지머 펑크 (Casimir Funk)에 의해 만들어졌다. 그는 쌀겨에서 추출한 티아민 (thiamine)으로부터 질소화합물인 아민 (amine)을 발견하여 각기병을 치료하면서부터 “생명을 치료하는 물질이다”라는 의미로 생명의 라틴어인 vita와 amine을 합친 vitamine으로 명명하게 되었다. 그러나 이후 발견되는 모든 비타민이 amine을 포함하고 있는 것은 아니었기 때문에 마지막 알파벳인 ‘e’를 뺀 vitamin으로 명명하게 되었다.

비타민은 일반적으로 인체에서 충분한 양을 합성할 수 없기 때문에 반드시 식품 섭취를 통해서 보충해 주어야 하는 유기체이다. 또한, 비타민의 기능은 호르몬계, 항산화계 및 면역계의 다양한 기능 수행과 조직의 성장 및 분화의 조절과 신체 전반에 걸쳐 일어나는 생리적 대사과정과 신체 기능을 유지하기 위해 특정 권장량을 섭취해야 하는 필수 영양소이다.

또한, 운동영양학적인 측면에서는 트레이닝이나 경기도중 신체 활동 능력을 강화시켜 주기위한 목적과 운동 중에 발생하는 산화적 스트레스를 억제하기 위한 목적으로도 전 세계적으로 널리 사용되고 있다.

2. 비타민의 종류

인간이 식품을 통해 섭취할 수 있는 비타민은 크게 물에 용해되는 성질을 가지고 있는 수용성 비타민 (water-soluble)과 지방에 의해 용해되는 지용성 비타민 (fat-soluble)으로 분류 된다 (그림 6-1).

수용성 비타민은 vitamin B군으로서 티아민 (thiamin), 리보플라빈 (rivoflavin), 니아신 (niacin), 피리독신 (pyridoxine), 판토텐산 (pantothenic acid), 코발라민 (cobalamin), 엽산 (folate), 바이오틴 (biotin) 및 vitamin C 등이 있으며 주로 미토콘드리아의 에너지 대사에 깊은 관여를 한다.

한편, 지용성 비타민은 체내에 저장되는 비타민이기 때문에 수용성 비타민과 같이 쉽게 체외로 배출 되지 못한다. 따라서 지용성 비타민을 과다섭취하게 되면 체내에서 독성을 유발할 수 있으므로 섭취량에 주의가 필요하다. 지용성비타민의 종류는 vitamin A, D, E 및 K가 있다.

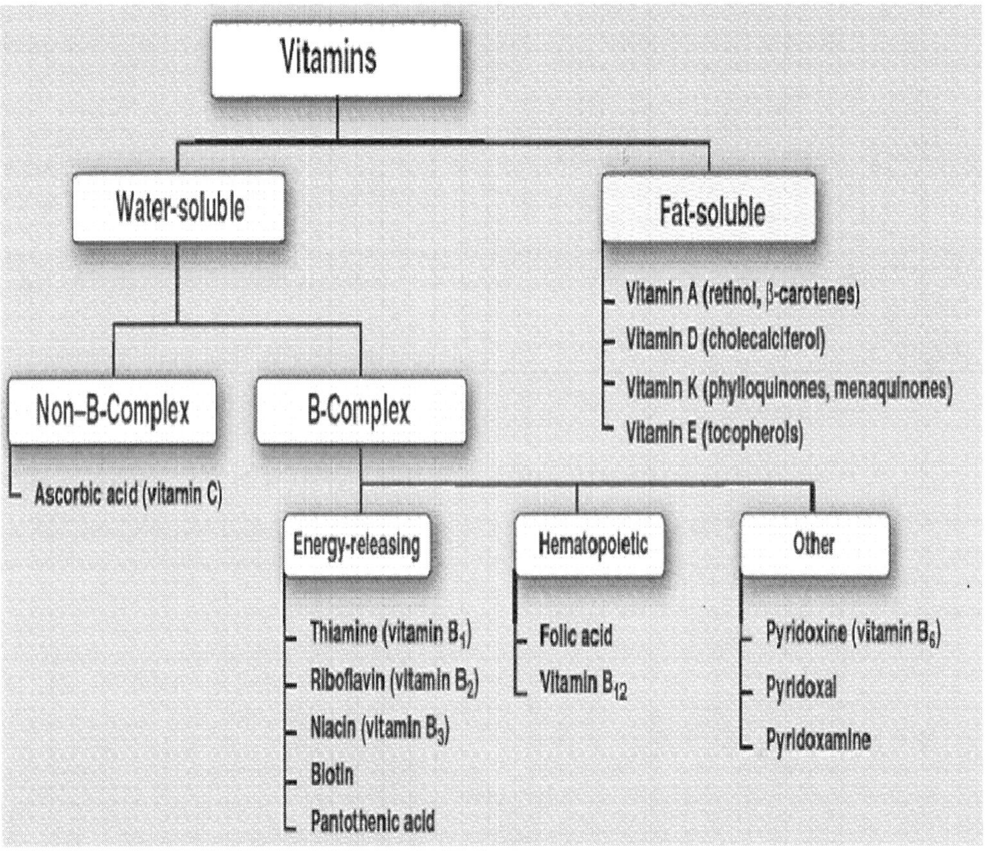

그림 6-1. 비타민의 분류

1) 수용성비타민

(1) Vitamin B_1 (티아민: Thiamine)

티아민은 비타민 B군 중 첫 번째로 발견되어 B_1이라고 하며, 세포기능을 유지하기 위해 신체에 필수적인 영양소이다. 섭취한 음식물의 영양분은 체내에서 사용할 수 있는 에너지로 전환되어야만 한다. 이때 티아민은 탄수화물의 분해 작용에 관여하여 체내에서 탄수화물을 사용할 수 있는 에너지인 포도당으로 전환될 수 있도록 화학적 작용에 도움을 준다.

이러한 티아민은 주로 식품섭취 시 인산화된 형태를 하고 있으므로 탈인산화효소(phosphatase)에 의해 유리형으로 변환되어 소장에서 흡수되며, 혈장과 적혈구를 통해 뇌와 신장, 간장 및 골격근에 주로 저장되는데, 티아민의 활성형인 티아민 피로인산(thiamine pyrophosphate: TPP)은 에너지 대사를 포함한 다양한 효소를 위한 보조인자로서 역할을 한다. 따라서 티아민은 에너지 대사에 관여하므로 티아민의 필요량은 에너지 소모량이 높으면 더 높아진다고 할 수 있다.

① 비타민 B_1과 운동

유산소성 에너지 생산을 위해 크렙스 회로에 들어가기 전 피루브산 (pyruvate)을 acetyl CoA로 전환시키기 위해 pyruvate dehydrogenase의 조효소로서 티아민의 활성형인 티아민 피로인산이 필요하다.

또한, 티아민은 분지 사슬 아미노산 (branched-chain amino acid)의 분해 작용과 글리코겐의 이용과 전환을 위해 중요한 역할을 담당하고 있다. 따라서 운동량이 많거나 에너지 소비량이 많은 사람일수록 비타민 B_1은 지속적으로 섭취할 필요가 있다. 티아민 부족 시 에너지 생성과 관련된 일련의 반응이 감소하여 대사가 원활하지 못하여 ATP 생성에 부정적인 영향을 미치므로 운동능력의 감소를 초래할 수 있다 (그림 6-2).

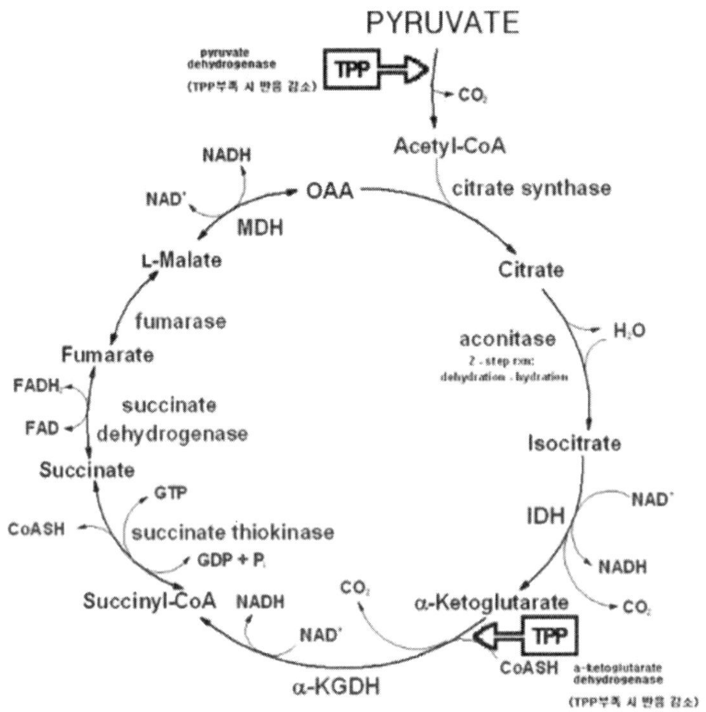

그림 6-2. 비타민 B_1의 작용기전

그리고 티아민은 비시즌 보다 시즌 동안에 섭취량을 증가시켜야 하는데 이는 선행 연구에서 11주 이상 티아민을 비롯해 리보플라빈 및 비타민 B_6의 섭취를 감소시킨 결과 최대산소섭취량은 11.6% 감소하였으며, 젖산축적은 7% 증가하였다고 보고하여 운동 수행능력을 감소시키는 것으로 보고하고 있다.

표 6-1. 티아민의 연령별 영양섭취 기준표

<table>
<tr><th></th><th colspan="2">영아(month)</th><th colspan="2">어린이(yr)</th><th colspan="2">남성(yr)</th><th colspan="2">여성(yr)</th><th>임산부</th><th>수유부</th></tr>
<tr><td rowspan="6">티아민
(mg/day)</td><td rowspan="3">0-6</td><td rowspan="3">0.2</td><td rowspan="2">1-3</td><td rowspan="2">0.5</td><td rowspan="3">10-18</td><td rowspan="3">1.2</td><td rowspan="3">10-18</td><td rowspan="3">1.1</td><td rowspan="6">1.4</td><td rowspan="6">1.5</td></tr>
<tr></tr>
<tr><td rowspan="2">4-6</td><td rowspan="2">0.6</td></tr>
<tr><td rowspan="3">7-12</td><td rowspan="3">0.3</td><td rowspan="3">19<</td><td rowspan="3">1.2</td><td rowspan="3">19<</td><td rowspan="3">1.1</td></tr>
<tr><td rowspan="2">7-9</td><td rowspan="2">0.9</td></tr>
<tr></tr>
</table>

② 결핍 시 문제점

일차적인 비타민 B_1의 결핍은 비타민 B_1 섭취의 부족에 의해 나타나며, 이차적인 비타민 B_1의 결핍의 원인은 갑상성기능 항진증, 임신, 수유 및 발열증상이 있을 경우에 발생된다.

비타민 B_1의 결핍은 중추 신경계와 순환계 손상을 가져와 기억 상실과 신경 질환들을 일으키는 각기병을 야기 시킬 뿐만 아니라 안구 운동 이상, 협응 운동 장애, 착란, 기억과 학습 장애를 특징으로 하는 중추 신경계의 장애를 일으키는 베르니케 코르사코프 증후군 (Wernicke-Korsakoff syndrome)을 일으킨다. 그리고 식욕저하, 정신이상, 두통, 피로, 근력저하, 신경위축 및 하퇴부의 근육 통증 등을 나타낸다.

③ 급원식품

비타민 B_1이 풍부한 식품군으로서는 효모균, 돼지고기, 곡물, 해바라기 씨앗, 현미, 통호밀, 아스파라거스, 케일, 감자, 오렌지, 간, 달걀 등이 있다.

(2) Vitamin B_2 (리보플라빈: Riboflavin)

식품 중에 존재하는 비타민 B_2는 flavin mononucleotide (FMN)와 flavin adenine dinucleotide (FAD) 형태로 단백질과 결합하여 존재하다가 염산, pyrophosphatase 및 phosphatase에 의해 분해되어 소장에서 흡수된다. 소장에서 흡수된 비타민 B_2는 혈장 알부민과 면역글로불린과 결합되어 운반되는데 대부분 FAD와 FMN으로 전환되어 간장, 심장 및 신장 등에 저장된다.

체내에서 리보플라빈의 주된 기능은 식품으로부터 섭취된 당질, 단백질 및 지질과 같은 영양소를 전자전달계에서 일련의 화학반응을 통해 에너지로 전환시키는데 도움을 줌으로서 ATP와 같은 에너지 생산에 작용하는 것이다.

특히, 리보플라빈은 지질대사에서 미토콘드리아의 베타-산화 (β-oxidation)를 통해 지방산을 이용한 에너지 생성에 관여한다. 따라서 리보플라빈의 결핍은 acyl CoA dehydrogenase와 같은 플라빈이 포함된 효소들의 활성을 저하시켜 지방산 대사에 부정적인 영향을 미친다.

① 비타민 B_2와 운동

신체활동이나 운동량이 많은 사람들이나 엘리트 스포츠 선수들에게 리보플라빈의 처치가 운동 수행력에 영향을 미치는 가에 대해서는 아직까지 명확하게 밝혀지지 않고 있다. 한 연구에 따르면 20-30대의 비만 여성을 대상으로 하루 50분의 댄스 운동을 일주일에 5회로 하여 5주간 실시하였고, 또 다른 연구에서는 50-60대의 여성에게 4주간 하루 20-25분의 사이클 에르고미터 운동을 주 6일간 최대심박수의 75-85%의 강도로 실시하였다.

이러한 연구를 통해 연구자들은 리보플라빈의 결핍을 나타내는 화학적 지표들의 변화를 발견하였지만, 리보플라빈의 처치가 운동능력을 강화시키지는 못한다고 밝혔다.

표 6-2. 리보플라빈의 연령별 영양섭취 기준표

	영아(month)		어린이(yr)		남성(yr)		여성(yr)		임산부	수유부
리보플라빈 (mg/day)	0-6	0.3	1-3	0.5	10-18	1.3	10-18	1.0	1.4	1.6
			4-6	0.6						
	7-12	0.4	7-9	0.9	19<	1.3	19<	1.1		

② 결핍 시 문제점

일반적으로 리보플라빈 결핍은 잘 나타나지 않지만 티아민, 비타민 C 및 비타민 D와 같은 다른 비타민의 결핍이 나타났을 때 결핍 증상이 나타날 가능성이 있다. 또한 우유 섭취 부족이나 만성적인 알코올중독 혹은 만성적인 설사에 의해 나타날 수 있다.

리보플라빈 결핍 시 일반적으로 나타나는 증상들은 구순 구각염, 구순염과 같은 입과 혀의 염증과 안구충혈, 조로성 백내장 및 빈혈과 같은 결핍 증상이 나타날 수 있다. 또한 신체활동능력을 감소시켜 쉽게 지치거나 피곤함을 느끼게 되지만, 한 연구에서 2개월간의 리보플라빈 처치에 따라 신체활동 능력이 개선되었다는 연구도 보고되고 있다.

③ 급원식품

리보플라빈이 풍부한 식품군으로서는 아스파라거스, 바나나, 감, 오크라 (okra), 근대, 커티지 치즈 (cottage cheese), 우유, 요거트, 육류, 달걀, 생선, 껍질 콩 (green bean) 등이 알려져 있다.

(3) Vitamin B_3 (니아신: niacin)

니아신의 주요 기능중의 하나는 다른 비타민 B군과 함께 인체가 섭취한 식품을 사용가능한 에너지로 전환 시키는 것이다. 따라서 미토콘드리아의 대사와 에너지 생산에 관여하는 비중이 높으며 골격계와 신경계의 기능에도 영향을 미친다.

또한, nicotinamide adenine dinucleotide (NAD^+) 및 nicotinamide adenine dinucleotide phosphate ($NADP^+$) 와 같은 조효소의 구성요소로서 이러한 조효소들은 무산소 운동과 유산소 운동 에너지 시스템에서 수소이온을 운반시키는 역할을 한다.

따라서 NAD^+는 수소이온을 받아 NADH가 되는데 NADH는 해당과정을 통해 탄수화물을 분해하는 동안 전자와 수소이온을 미토콘드리아의 전자전달계로 전달하여 에너지 생산을 할 수 있도록 도움을 준다.

① 니아신과 운동

니아신이 에너지 생산에 기여하는 기능에 대해서는 이론적으로 잘 알려져 있지만, 최근 연구들을 살펴보면 영양상태가 양호한 운동선수에게 있어서 니아신의 처치는 운동 수행능력에 유익한 영향을 주지 않는다고 알려져 있다.

이는 니아신이 지방조직에서 지방산 분비를 방해하기 때문이며, 지방산 감소에 따른 탄수화물에 의한 에너지 생산 의존도가 증가하여 혈중 포도당과 글리코겐을 주요 에너지원으로 사용하기 때문에 결국 글리코겐 고갈현상이 초래하기 때문이다.

이러한 이유로 니아신의 처치는 단기간 고강도 운동의 경우 에너지 효율이 높기 때문에 권고되어지나, 장시간의 지구력 운동을 수행하는 경우에는 효과가 반감될 가능성이 있다.

표 6-3. 니아신의 연령별 영양섭취 기준표

<table>
<tr><th></th><th colspan="2">영아(month)</th><th colspan="2">어린이(yr)</th><th colspan="2">남성(yr)</th><th colspan="2">여성(yr)</th><th>임산부</th><th>수유부</th></tr>
<tr><td rowspan="4">니아신
(mg/day)</td><td rowspan="2">0-6</td><td rowspan="2">2</td><td>1-3</td><td>6</td><td rowspan="2">10-18</td><td rowspan="2">16</td><td rowspan="2">10-18</td><td rowspan="2">16</td><td rowspan="4">18</td><td rowspan="4">17</td></tr>
<tr><td rowspan="2">4-6</td><td rowspan="2">8</td></tr>
<tr><td rowspan="2">7-12</td><td rowspan="2">4</td><td rowspan="2">19<</td><td rowspan="2">16</td><td rowspan="2">19<</td><td rowspan="2">14</td></tr>
<tr><td>7-9</td><td>12</td></tr>
</table>

② 결핍 시 문제점

니아신의 결핍은 영양부족, 만성적인 알코올 중독 상태에서 일반적으로 나타난다. 니아신 결핍은 정도에 따라 피부염, 식욕부진, 구토, 변비, 설사 등을 나타내며, 심할 경우 위점막 염증, 피로, 불면증, 우울증, 기억상실증 등을 초래한다.

③ 급원식품

니아신이 풍부한 식품으로서는 간, 심장, 신장, 닭, 소고기, 생선 (참치, 연어), 우유, 달걀, 아보카도, 대추, 감자, 잎채소류, 브로커리, 당근, 고구마, 아스파라거스, 견과류, 통곡물, 콩류, 버섯류, 맥주효모 (brewer's yeast) 등이 알려져 있다.

(4) Vitamin B_5 (판토텐산: pantothenic acid)

판토텐산은 coenzyme A (CoA)의 구성성분으로서 다양한 생리적 기능과 에너지 대사에 있어서 운동선수뿐만 아니라 일반인들에게도 매우 중요한 비타민이다. CoA는 신경전달물질인 acetylcholine, prostaglandin, long-chain fatty acid, 스테로이드 호르몬 생산 및 콜레스테롤 대사와 합성에 필요하다.

특히, 섭취된 식품으로부터 에너지를 생산하는 화학적 반응에 필요한 CoA는 acetate와 결합하여 acetyl CoA를 형성하는데, acetyl CoA는 oxaloacetate와 결합하여 citric acid를 형성한다. 이러한 과정을 거쳐 크랩스 회로 내로 들어가 탄수화물, 지방 및 단백질로부터 에너지를 생성하기 위한 대사적 중간단계에서 중요한 조효소로서의 역할을 담당하게 된다.

① 비타민 B_5와 운동

크랩스 사이클을 통한 에너지 대사를 위해 판토텐산의 중요한 역할은 이미 이론적으로는 잘 알려져 있지만 판토텐산 처치에 따른 운동능력이 향상되는지에 대해서는 아직까지 확실하게 밝혀져 있지 않다.

한 연구에 따르면 엘리트 육상 선수를 대상으로 1일 1g의 판토텐산 처치군과 위약군으로 나누어 2주간 실험한 결과 실험 전후의 달리기 시간, 맥박 및 혈액의 생화학적 지표들의 차이가 없는 것으로 나타나 운동능력의 변화에 효과가 없는 것으로 보고하였다.

표 6-4. 판토텐산의 연령별 영양섭취 기준표

	영아(month)		어린이(yr)		남성(yr)		여성(yr)		임산부	수유부
판토텐산 (mg/day)	0-6	1.7	1-3	2.0	10-18	5.0	10-18	5.0	6.0	7.0
			4-6	3.0						
	7-12	1.8	7-9	4.0	19<	5.0	19<	5.0		

② 결핍 시 문제점

판토텐산은 거의 모든 식품에 포함되어 있기 때문에 결핍은 매우 드물게 나타나며 정상적인 식사를 하는 사람에게서는 결핍현상이 나타나지 않는다. 그러나 판토텐산의 결핍은 판토텐산 길항제인 ω-메틸 판토텐산을 섭취한 상태에서 나타날 수 있으며, 피로, 수면장애, 위장장애, 저혈당증, 근 경련, 신경계 이상증후군, 인슐린 민감성 증가 등이 나타날 수 있다.

③ 급원식품

판토텐산이 풍부한 식품으로서는 육류, 생선류, 유제품, 감자, 토마토, 통곡류, 브로콜리, 아보카도, 로얄젤리 등이 알려져 있다.

(5) Vitamin B_6 (피리독신: pyridoxine)

피리독신, 피리독살 (pyridoxal) 및 피리독사민 (pyridoxamine)은 식품에서 찾을 수 있는 가장 흔한 형태의 비타민 B_6의 활성형이다. 모든 형태의 비타민 B_6는 공장에서 흡수되어 간에서 활성형 조효소의 형태인 pyridoxal phosphate로 전환된다.

또한, 비타민 B_6는 수용성이지만 glycogen phosphorylase에 결합되어 근육 내에 상당량이 저장된다. 이러한 비타민 B_6는 지구력 운동을 하는 동안 에너지 생산을 위한 글리코겐 분해뿐만 아니라 간에서 당신생과정에 관여를 하며 아미노기 전달반응을 통해 비필수아미노산을 합성한다.

또한, 트립토판의 니아신 전환, 신경전달물질 합성, 세로토닌 분비, 적혈구에서 산소 운반을 하는 헤모글로빈 (hemoglobin)의 헴 (heme) 합성에도 관여하며 면역기능을 담당하는 백혈구 생산에 관여하고 있다. 이와 같이 비타민 B_6는 100가지 이상의 효소 반응에서 조효소의 기능을 함으로써 정상적인 신체활동이나 건강유지에 중요한 기능을 담당하고 있다.

① 비타민 B_6와 운동

이론적으로 비타민 B_6가 글리코겐 분해를 통해 에너지가 요구되는 곳으로 당을 공급하는 등 운동과의 연관성이 매우 크다고 알려져 있다. 그러나 최근까지의 연구를 살펴보면 비타민 B_6의 처치에 따른 신체활동 능력의 증가에 대한 직접적인 관련성은 아직까지 불분명하다.

운동과 관련된 많은 연구들이 트레이닝 동안 비타민 B_6의 추가적인 처치에 따른 비타민 B_6 변화에 초점을 맞추어 연구를 진행하였는데, 많은 연구들이 운동을 시작함과 동시에 비타민 B_6의 혈중 농도가 증가하여 운동이 지속되는 동안 증가되는 것을 관찰하였다. 그리고 운동을 중단하게 되면 비타민 B_6의 농도가 점차적으로 감소하는 것으로 나타났다.

이러한 결과는 운동 동안에는 당신생과정 (gluconeogenesis)을 통한 에너지 생산을 위해 더 많은 비타민 B_6가 필요하기 때문으로 추측할 수 있다. 그러나 이와는 반대로 울트라 마라톤을 하는 선수의 경우 혈중 비타민 B_6의 농도가 오히려 운동 전보다 후에 감소하여 운동 후 60분에서는 더욱 감소하는 것으로 나타났다.

표 6-5. 피리독신의 연령별 영양섭취 기준표

	영아(month)		어린이(yr)		남성(yr)		여성(yr)		임산부	수유부
피리독신 (mg/day)	0-6	0.1	1-3	0.5	10-18	1.3	10-18	1.2	1.9	2.0
			4-6	0.6	19-50	1.3	19-50	1.3		
	7-12	0.3	7-9	1.0	50<	1.7	50<	1.5		

② 결핍 시 문제점

비타민 B_6는 다양한 종류의 식품에서 골고루 섭취되므로 결핍현상은 잘 나타나지 않는다. 그러나 잠재적으로 리보플라빈의 결핍 시 더욱 악화되는 등 영양결핍과 연관되어 나타나는 경우가 많다.

또한 알코올이 비타민 B_6의 흡수를 저해하므로 만성적인 알코올 중독자에게서 나타날 수 있다. 비타민 B_6의 결핍은 메스꺼움, 면역계 이상, 경련, 우울증, 피부염증, 구내염, 적혈구 감소에 따른 빈혈 등이 나타날 수 있다.

③ 급원식품

비타민 B_6가 풍부한 식품으로서는 육류, 바나나, 통곡류, 채소류, 견과류 등이 알려져 있다.

(6) Vitamin B_7 (바이오틴: biotin)

인체의 건강에 바이오틴이 크게 관여하고 있다는 것이 최근 밝혀지기 전까지 다양한 식품에 포함되어 있지만 그 생리적 기능은 잘 알려져 있지 않았다. 바이오틴은 carboxylase의 기능을 도와 주는 조효소로서의 역할을 한다.

이러한 carboxylase는 당신생과정, 지방산 합성 및 아미노산 대사와 같은 수많은 대사에 관여하는 효소이기 때문에 바이오틴의 결핍은 다양한 생리적 기능뿐만 아니라 에너지 대사를 방해할 수 있다.

① 비타민 B7과 운동

바이오틴의 결핍은 잠재적으로 운동 능력에 이상을 초래할 수 있지만, 아직까지 바이오틴 처치에 따른 신체활동이나 건강과 관련된 연구는 매우 제한적으로 확실한 효능에 대한 보고가 없는 실정이다. 이는 아직까지 바이오틴 처치에 따른 독성수준이 발견되지 않았기 때문으로 향후에 운동과 바이오틴 처치에 따른 운동능력 향상과 관련된 많은 연구가 이루어져야 할 것이다.

표 6-6. 바이오틴의 연령별 영양섭취 기준표

	영아(month)		어린이(yr)		남성(yr)		여성(yr)		임산부	수유부
판토텐산 (mg/day)	0-6	5	1-3	8	10-18	25	10-18	25	30	35
	7-12	6	4-6	12	19+	30	19+	30		
			7-9	20						

② 결핍 시 문제점

바이오틴의 결핍은 신체에서 요구하는 양이 굉장히 적기 때문에 아주 드물게 나타난다. 생달걀을 장기간 섭취한 사람에게서 매우 드물게 나타나는 것으로 보고하고 있으며, 근육통증, 피부염, 메스꺼움, 우울증 및 피로와 같은 증상들이 나타난다.

③ 급원식품

바이오틴이 풍부한 식품으로서는 땅콩버터, 삶은 계란, 난황, 간, 채소류. 꽃양배추 등이 알려져 있다.

(7) Vitamin B9 (**엽산**: folate)

엽산은 DNA 및 RNA의 합성과 세포 분열에 있어서 중요한 역할을 하며, 태아의 발달과 성장에 있어서 필수적이다. 또한 유전자 발현 조절, 아미노산대사, 신경전달물질 합성 등에도 중요한 역할을 한다.

특히, 임신 중에는 빠른 세포 증식, 자궁과 태반의 조직 성장, 태아의 성장과 신경관 결손을 예방하기 위한 필수 영양소로서 충분히 섭취되어야 한다. 한편 신체전반에 걸켜 세포의 발달과 관련된 역할에 기인하며, 조직치유와 정상적인 적혈구 형성에도 도움을 준다.

따라서 충분한 엽산 섭취는 거대적아구성, 대적혈구성 빈혈의 발생을 예방할 수 있다. 이러한 종류의 빈혈은 비타민 B_{12}의 결핍에 영향을 미치기도 하므로 엽산의 충분한 섭취는 중요하다.

① 비타민 B_9과 운동

엽산은 앞서 언급한 바와 같이 세포의 발달 및 분열에 있어서 중요한 역할을 하고 있기 때문에 결핍에 따른 건강과 신체활동에도 영향을 미칠 수 있다. 또한 엽산의 결핍은 빈혈을 초래할 수 있으며, 정상적인 적혈구 생성을 방해 할 수 있기 때문에 엽산 결핍에 따른 빈혈의 발생은 트레이닝이나 경기 중 근육으로의 산소운반능력을 감소시켜 체내의 에너지 이용에 영향을 미칠 수 있으며, 경기력에도 영향을 미칠 가능성이 있다.

한 연구에 따르면 엽산이 결핍된 여성 마라톤 선수 85명을 대상으로 엽산의 처치 및 운동능력과의 상관관계에 대해 분석한 결과 하루 5mg의 엽산을 11주간 처치한 결과 혈중 엽산 수준은 정상 수준으로 회복되었으나 유산소 및 무산소성 운동능력은 향상되지 않았다고 보고하였다.

이러한 결과는 비록 엽산 결핍에 따른 빈혈의 발생이 건강이나 지구성 운동능력을 손상시키는 등 매우 위험할 수 있지만, 단지 엽산의 처치만으로 운동 능력이 향상되는 것은 아니라고 추측할 수 있다.

표 6-7. 엽산의 연령별 영양섭취 기준표

	영아(month)		어린이(yr)		남성(yr)		여성(yr)		임산부	수유부
엽산 (μg/day)	0-6	80	1-3	160	10-18	400	10-18	400	600	500
			4-6	200	19-65	400	19-65	400		
	7-12	80	7-9	300	65<	400	65<	400		

② 결핍 시 문제점

엽산은 많은 음식에 포함 되어 있으므로 보통 균형 잡힌 식사를 통해 정상범위를 유지할 수 있다. 그러나 섭취 불균형에 의한 엽산 결핍은 빈혈을 초래할 수 있다. 이러한 빈혈이 발생하는 이유는 엽산이 DNA를 합성하고 적혈구의 분열에 관여하기 때문인데 DNA형성 이상은 적혈구의 감소와 함께 비정상적인 적혈구의 형성을 초래하여 산소의 운반능력을 감소시켜 피로, 허약체질, 신경과민 및 불면증을 동반한 빈혈을 초래할 수 있다.

최근에는 체내 호모시스테인 (homocysteine) 농도를 상승시켜 심장질환을 초래할 수 있다는 결과가 알려져 있다. 그리고 임산부의 엽산결핍은 태아의 발달 이상과 선천적 기형이 나타날 확률이 높아진다. 또한 백혈구 발달의 이상을 초래함으로서 면역기능에 이상을 나타낼 수 있다.

③ 급원식품

엽산이 풍부한 식품은 잎채소류, 콩류, 간, 빵효모, 강화곡물, 해바라기씨, 과일류 등이 알려져 있다.

(8) Vitamin B_{12} (코발라민: cobalamin)

코발라민은 DNA와 세로토닌 합성에 필수적이며, 적혈구세포를 생상하기 위해 엽산과 함께 작용한다. 또한 신경섬유를 보호하는 수초를 형성함으로서 신경계의 발달, 심혈관계, 조직의 성장과 발달 및 에너지 생산에 필수적이며, 아미노산 대사의 대사산물인 호모시스테인의 대사에 필요하다.

앞서 비타민 B_9에서 설명한 바와 같이 호모시스테인 농도의 증가는 심장질환의 발달에 위험요소로 작용할 수 있다. 그러나 비타민 B_{12}는 호모시스테인을 메티오닌 (methionine)으로 전환시켜 혈중 호모시스테인 농도를 감소시키는 방법으로 질병의 위험 요소를 낮춰준다. 이러한 이유에서 비타민 B_{12}는 호모시스테인 농도를 감소시키기 위해 필요한 영양소이다.

① 비타민 B_{12}와 운동

이론적으로 비타민 B_{12}는 정상적인 적혈구 형성에 작용하기 때문에 적혈구를

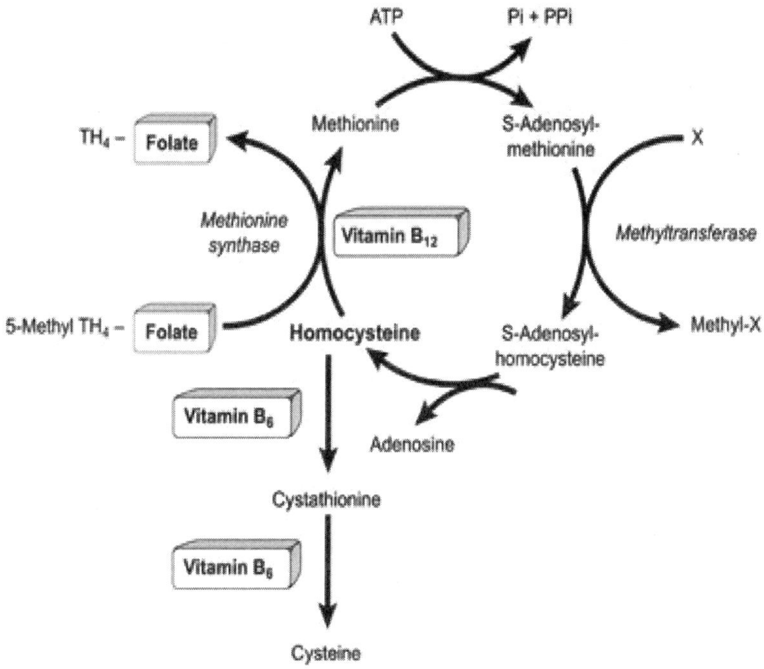

그림 6-3. 비타민 B_{12}의 작용기전

통한 산소운반능력 향상 및 고강도 훈련에 의한 빈혈 예방에 도움이 될 수 있으며, 근육량 증가뿐만 아니라 신경전달물질인 세로토닌 증가에 의한 불안증상을 감소시킬 수 있다.

그러나 균형 잡힌 식단을 섭취하는 건강한 선수들에게 추가적인 비타민 B_{12} 처치는 효과가 없는 것으로 나타났다. 이는 악성빈혈이 있는 사람에게는 고농도의 비타민 B_{12}의 처치가 운동능력을 증가시킬 수 있지만 악성빈혈이 없는 사람들에게 비타민 B_{12} 함량이 높은 영양제나 음식을 처치하더라도 신체의 발달이나 지구력 증가 등에 효과가 없기 때문인데 보통 소화 흡수된 비타민 B_{12}는 간에 저장이 되어 저장성이 매우 좋은 반면 손실은 잘 나타나지 않거나 손실이 나타나더라도 수년에 걸쳐 나타나기 때문이다.

따라서 비타민 B_{12}의 처치가 인체의 건강에 긍정적인 기능을 하고 있으나 건강한 사람의 운동능력을 향상시키는 측면에서의 비타민 B_{12} 처치는 아직까지 과학적으로 밝혀진 증거가 많지 않다.

표 6-8. 코발라민의 연령별 영양섭취 기준표

	영아(month)		어린이(yr)		남성(yr)		여성(yr)		임산부	수유부
비타민 B12 (μg/day)	0-6	0.4	1-3	0.9	10-18	2.4	10-18	2.4	2.6	2.8
			4-6	1.2	19-65	2.4	19-65	2.4		
	7-12	0.5	7-9	1.8	65<	2.4	65<	2.4		

② 결핍 시 문제점

보통 비타민 B_{12}는 동물성 식품 (육류, 유제품)에 의해 섭취되기 때문에 채식을 위주로 하거나 위 절제 수술을 통해 비타민 B_{12}의 체내 흡수를 위해 필요한 인자가 부족하거나 흡수 장애가 있는 사람들에게서 주로 나타난다.

그러나 비타민 B_{12}는 간에 저장되기 때문에 비타민 B_{12}의 결핍은 수년에 걸쳐 나타나며 결핍증상으로 신경의 이상이나 적혈구의 발달 장애에 따른 거대적아구성 빈혈 및 악성 빈혈을 나타낼 수 있다.

그리고 신경수초의 건강에 필수적이므로 결핍에 따른 뇌의 이상과 척수의 변성이 나타날 수 있다. 또한 비타민 B_{12}의 결핍은 호모시스테인 농도를 증가시킴에 따라 심혈관계 질환에 걸릴 위험성을 높이는 것으로 보고되고 있는데 한 연구에서 규칙적인 운동실시자 중에 참가자의 25%가 호모시스테인 농도가 높은 것으로 조사되었는데 이는 비타민 B_{12}와 엽산의 수치가 낮은 것과 관계가 있다고 보고하였다.

③ 급원식품

비타민 B_{12}가 풍부한 식품으로서는 생선류, 갑각류, 육류, 가금류, 달걀, 우유, 유제품. 강화곡류, 대두식품, 강화영양효모 등이 알려져 있다.

(9) Vitamin C (아스코르브산: ascorbic acid)

최근에 비타민 C가 주목을 받는 이유는 항산화 작용뿐만 아니라 인체 내에서 다양한 대사 작용을 위해 사용되어 지기 때문이며, 치아, 뼈 및 연골, 인대 그리고 건과 같은 결합조직에서 발견되는 섬유성 단백질인 콜라겐 (collagen)의 형성에 있어서 중추적인 역할을 한다.

또한 콜라겐의 합성을 통해 반흔조직 (scar tissue)의 형성과 상처의 치유에도 작용한다. 그리고 아드레날린과 신경전달물질과 같은 특정 호르몬이 작용하기 위해 비타민 C가 필요하다. Vitamin C는 철분의 흡수에도 관여하여 철분 결핍에 따른 빈혈을 예방하기도 하고 근조직으로의 산소공급을 위한 적혈구 생성에도 도움을 준다.

① 비타민 C와 운동

최근에 비타민 C의 처치는 고강도의 운동 시에 발생할 수 있는 산화적 손상을 방지하는데 도움을 주는 잠재적인 항산화제로서 운동선수들에게 제공되고 있다. 그러나 지난 수십 년간 수많은 연구자들에 의해서 비타민 C처치에 따른 운동능력 향상에 있어서 사이클 에르고미터와 트레드밀을 활용한 유산소 운동능력, 혈중 젖산 농도 및 심박수 등의 분석을 통해 잠재적인 효과에 대해 발견하기 위해 노력해 왔지만 일관된 결과를 도출해내지 못하고 있다.

분명 이론적으로 철분 흡수를 통한 빈혈 예방과 근조직으로의 산소공급을 위한 적혈구 생성 그리고 운동동안 발생할 수 있는 산화적 손상을 방지하는 항산화제로서의 역할을 통해 운동능력을 향상시킬 수 있는 잠재적인 효과가 나타날 가능성은 있지만 거의 대부분의 연구에서 비타민 C처치에 따른 신체활동능력의 증가는 나타나지 않았다.

또한 비타민 C가 철분이 부족한 선수들에게는 철분 흡수를 통해 신체에 이로운 점으로 작용할 수 있지만, 필요 이상으로 허용범위를 넘어선 섭취는 혈색소 침착증 (hemochromatosis)을 유발 할 가능성도 있으므로 섭취에 주의가 필요하다.

표 6-9. 비타민 C의 연령별 영양섭취 기준표

	영아(month)		어린이(yr)		남성(yr)		여성(yr)		임산부	수유부
비타민 C (mg/day)	0-6	25	1-3	30	10-18	40	10-18	40	55	77
	7-12	30	4-6	30	19-65	45	19-65	45		
			7-9	35	65<	45	65<	45		

② 결핍 시 문제점

비타민 C의 결핍은 피로, 우울증, 결합조직이상과 같은 증상들이 나타나며, 결핍이 심각할 경우 괴혈병에 걸릴 위험성이 커진다. 또한 콜라겐 합성이 감소되어 혈관과 피부에서 변성이 나타날 수 있으며, 영아와 청소년에게 있어서 뼈의 성장에도 악영향을 미칠 가능성이 있다.

그러나 보통 인체는 단기간의 비타민 C 섭취량 감소에 대비하여 비타민 C를 저장하는 기전을 가지고 있기 때문에 단기간의 섭취 부족은 인체에 큰 영향을 미치지 않으며, 균형 잡힌 식사를 할 경우 결핍은 쉽게 나타나지 않는다.

③ 급원식품

비타민 C가 풍부한 식품은 과일 및 채소류, 카카두 플럼 (Kakadu plum)등이 알려져 있다.

표 6-10에 수용성 비타민의 종류에 따른 기능, 주요 급원식품, 결핍현상 및 과잉증상 등에 대하여 요약하여 나타내었다.

표 6-10. 수용성 비타민의 종류에 따른 특징

종류	조효소	기능	급원식품	결핍증	과잉증
티아민	TPP	탈탄산반응 펜토오스 인산회로 신경계에서의 기능	돼지고기, 전곡, 내장육, 땅콩, 두류	각기병(허약, 피로, 다리 감각 소실, 보행불능, 부종, 심부전증, 식욕부진)	100-500mg 섭취시 구토증 이외에는 별 증상 없음
리보플라빈	FAD/FMN	산화/환원반응 지방분해	우유, 요거트, 치즈, 계란, 간, 시금치, 버섯	구내염, 구각염, 설염, 구순염, 눈부심	거의 부작용 없음
니아신	NAD/NADP	산화/환원반응	참치, 닭고기, 간, 육류, 버섯, 땅콩, 완두콩	펠라그라 설염, 홍분, 정신이상	100mg 이상 섭취시 피부 발진, 십이지장 궤양, 간 이상

판토텐산	CoA	아실기 전달	난황, 간, 치즈, 버섯 등 대부분 식품	피로, 무관심, 두통, 불면증, 구토, 복통	확실한 증상 없음
비오틴	비오시틴	CO2 운반	난황, 간, 이스트, 땅콩, 치즈	빈혈, 식욕감퇴, 구토, 설염, 근육통, 피부건조증	확실한 증상 없음
비타민 B_6	PLP	단백질/지방의 체내이용률 향상 신경전달물질 합성	육류, 닭고기, 연어, 바나나, 해바라기씨, 감자, 시금치	피부염, 설염, 발작, 두통, 구토, 빈혈	신경파괴, 과량 복용시 습관성
엽산	THF	DNA/RNA 합성 아미노산 합성 적혈구 성숙	시금치, 녹색 잎채소, 간, 내장육, 오렌지 쥬스, 멜론	거대적아구성 빈혈, 설염, 설사, 성장장애, 정신질환	거의 부작용 없음
비타민 B_{12}	메틸코발아민 아데노실 코발아민	신경기능 유지 엽산대사과정 관여	내장육, 굴, 조개류 등 동물성 식품	악성빈혈(거대적아구성 빈혈, 신경계 손상)	거의 부작용 없음
비타민 C		항산화기능 수산화 반응	감귤류, 오렌지, 토마토, 딸기, 고추	괴혈병(식욕감퇴, 피로, 잇몸 출혈, 상처치유 지연, 체중감소)	신장결석, 철분과대 흡수, 설사

2) 지용성 비타민

(1) Vitamin A (**레티놀**: retinol)

비타민 A는 지용성 비타민 중의 하나로서 인체에서 레티놀, 레티날 (retinal) 및 레티노산 (retinoic acid)과 같이 세 가지의 생리적 활성형으로 존재하며 이 모두를 레티노이드 (retinoids)라고 부른다.

음식을 통해 섭취된 비타민 A는 레티닐 에스테르 (retinyl ester)의 형태로 90%이상 간에 저장된다. 비타민 A의 가장 중요한 역할은 인체에서 시력과 관련된 기능을 담당하고 있다. 또한 DNA의 특정 뉴클레오티드 서열과 상호작용하여 유전자의 발현과 전사에 영향을 미치며, 세포의 발달을 조절한다.

예를 들어, 점막 및 피부와 같은 조직 형성과 신체 전반에 걸쳐 상피세포의 분화에 중요하게 작용한다. 또한, 조직의 형태에 따른 분화를 시작하는 줄기세포핵 내에서 특정 유전자를 활성화시키기 때문에 경기 중에 나타날 수 있는 조직손상의 치유에 도움을 줄 수 있으며, 운동에 의하여 발생되는 지질과산화에 의한 근육의 손상을 최소화시키기 위한 항산화제로서의 역할도 주목받고 있다.

① 비타민 A와 운동

비타민 A의 시력과 관련된 기능 및 손상된 조직의 치유 기능과 항산화제로서의 기능 등을 고려해볼 때 이론적으로는 운동기능에 영향을 미칠 가능성이 있다. 일부 연구에서 비타민 A의 결핍은 간에서의 당신생과정을 방해하며, 근육 단백질의 합성 감소와 시력 상실에 따른 운동능력 감소를 보고하고 있다.

그러나 비타민 A의 결핍은 잘 나타나지 않으며, 마라톤선수, 보디빌딩 선수, 수영선수 및 사이클 선수를 대상으로 진행된 연구에서 선수들의 레티놀 수치가 감소하지 않은 것으로 나타나 운동선수들에게 비타민 A를 처치해야할 이론적인 근거가 없다고 보고한 바 있다.

그리고 운동과 관련된 비타민 A의 역할에 대한 연구는 아직까지 부족하며, 지질과산화를 예방하거나 운동 능력을 향상시키기 위한 비타민 A의 역할에 대한 연구 또한 부족한 실정이다.

표 6-11. 비타민 A의 연령별 영양섭취 기준표

	영아(month)		어린이(yr)		남성(yr)		여성(yr)		임산부	수유부
비타민 A (μg/day)	0-6	400	1-3	300	14-18	900	14-18	700	770	1,300
			4-8	400	19-70	900	19-70	700		
	7-12	500	9-13	600	70<	900	70<	700		

② 결핍 시 문제점

비타민 A는 지방병증, 간질환, 췌장 질환 및 담낭질환과 같은 질환이 있는 상태에서는 흡수장애에 의해 결핍이 나타날 수 있다. 보통 결핍에 따른 초기 증상은 주로 야맹증이 대표적인 증상이지만 초기에 비타민 A의 처치는 시력의 손상을 방지할 수 있다. 또한 조직의 변성, 성장저하, 안구건조증, 각막연화증과 같은 증상을 나타낼 수 있다.

한편, 비타민 A의 독성은 잘 나타나지 않지만 권장섭취량의 10배 이상의 비타민 A를 만성적으로 섭취할 경우 비타민 과다섭취증 (hypervitaminosis)으로 알려진 상태가 나타나 독성을 일으킬 수 있다. 비타민 A 과다 섭취에 의해 나타나는 증상들은 구토, 피로, 시력저하, 간 손상과 같은 다양한 증상들이 나타나며 식욕감퇴, 두통, 뼈와 근육의 통증, 탈모 및 혼수상태 등의 증상도 나타날 수 있다.

③ 급원식품

비타민 A가 풍부한 식품은 간, 생선간유, 당근, 브로콜리, 고구마, 버터, 케일, 시금치, 호박, 치즈, 계란, 살구, 참외, 우유 등이 알려져 있다.

(2) Vitamin D

비타민 D는 지용성 비타민 중 독특한 특성을 가지고 있는데 다른 지용성 비타민들과는 달리 체내에서 합성이 된다. 체내에서 비타민 D 합성은 피부가 햇빛에 노출됨으로써 자외선에 의해 피부세포에서 콜레스테롤 유도체 (7-dehydrocholesterol)가 비타민 D로 전환되기 때문인데, 이런 기전에 의해 생산되는 비타민 D는 체내에서 생리적 기능을 충족하기 위해 필요한 충분한 양을 합성하지 못하기 때문에 음식이나 영양제를 통한 외부로부터의 충분한 섭취가 필요하다.

비타민 D는 체내에서 다양한 생리적 기능에 관여하고 있는데, 뼈의 정상적인 형성을 위해 필요한 칼슘과 인의 정상농도 유지, 근 수축, 신경전도 그리고 모든 세포의 정상적인 기능 유지를 위해 중요한 역할을 담당하고 있다.

비타민 D에 의한 이러한 기능들이 원활하게 이루어지게 위해서는 반드시 간에서 일련의 반응을 거쳐 신장에서 활성형인 1,25-dihydroxylvitamin D(1,25-$(OH)_2D_3$, 칼시트리올: calcitriol)로 전환이 되어야한다 (그림 6-4). 이러한 활성형 비타민 D는 골격형성에 필요한 칼슘을 대장과 신장에서 흡수시키는데 기여한다.

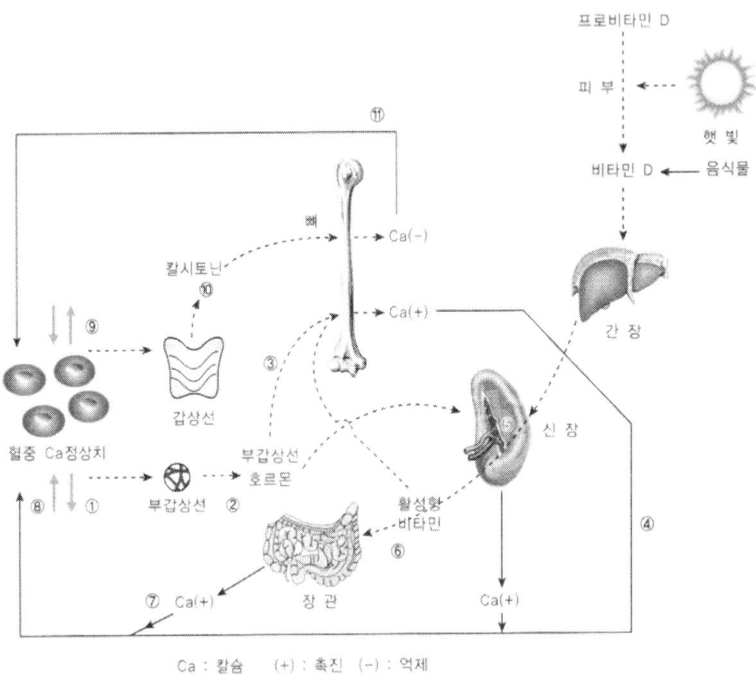

그림 6-4. 비타민 D의 생성과 작용기전

① 비타민 D와 운동

비타민 D의 결핍은 피로골절과 같은 골격계의 상해를 증가시킴으로서 근골격계에 부정적인 영향을 미칠 가능성이 있으며, 이러한 증상들에 의해 잠재적으로 상해의 빈도, 기간 및 트레이닝의 질에 영향을 미칠 가능성이 있다고 보고하였다.

그러나 이러한 결과는 비타민 D가 부족한 사람을 대상으로 진행된 연구이기 때문에 모든 사람들에게 적용하기는 아직까지 한계가 있다. 그리고 한 연구를 통해 웨이트 트레이닝을 통한 혈중 비타민 D 농도가 증가하였지만 유의한 차이는 명확하지 않으며, 골밀도와 같은 신체의 변화는 비타민 D의 문제보다는 오히려 운동에 의한 변화가능성이 높은 것으로 보고하였다.

따라서 결핍증상이 있는 사람들에게 비타민 D의 처치가 운동 수행력과 근육의 발달에 영향을 미칠 수는 있지만 비타민 D의 과도한 처치는 독성을 유발할 수 있으므로 비타민 D의 정상 수준을 유지하고 있는 사람들에게 운동기능 향상을 목적으로 추가적인 섭취 권고는 하지 않는다.

표 6-12. 비타민 D의 연령별 영양섭취 기준표

<table>
<tr><th></th><th colspan="2">영아(month)</th><th colspan="2">어린이(yr)</th><th colspan="2">남성(yr)</th><th colspan="2">여성(yr)</th><th>임산부</th><th>수유부</th></tr>
<tr><td rowspan="4">비타민 D
(μg/day)</td><td rowspan="2">0-6</td><td rowspan="2">5</td><td>1-3</td><td>5</td><td>10-18</td><td>5</td><td>10-18</td><td>5</td><td rowspan="4">5</td><td rowspan="4">5</td></tr>
<tr><td>4-6</td><td>5</td><td>19-50</td><td>5</td><td>19-50</td><td>5</td></tr>
<tr><td rowspan="2">7-12</td><td rowspan="2">5</td><td rowspan="2">7-9</td><td rowspan="2">5</td><td>51-65</td><td>10</td><td>51-65</td><td>10</td></tr>
<tr><td>65<</td><td>15</td><td>65<</td><td>15</td></tr>
</table>

② 결핍 시 문제점

비타민 D의 체내 칼슘 흡수와 관련된 기능 때문에 비타민 D의 결핍은 청소년들의 발달과 골 성장에 부정적인 효과가 나타날 수 있다. 따라서 어린이들에게 비타민 D의 결핍은 뼈에 칼슘이 저장되는 것을 방해하기 때문에 뼈의 변형이나 성장 장애등을 주요 증상으로 하는 유아기의 골격계 질환인 구루병에 노출될 가능성이 높아진다.

성인들에게는 골연화증과 같은 골다공증이 발생할 수 있으며, 노년의 골 건강을 위해 충분한 비타민 D 섭취가 권장된다.

그러나 비타민 D는 체내에 저장되는 비타민이므로 지나친 섭취는 신경계 기능 저하, 근력저하, 심장 부정맥 등을 일으키는 고칼슘혈증 (hypercalcemia)을 유발 할 수 있다.

③ 급원식품

비타민 D는 자외선 노출 (태양, 인공적인 자외선), 우유, 시리얼, 생선기름, 연어, 고지방 생선류, 달걀, 소의 간, 버섯류 등의 섭취에 의해 증가될 수 있다.

(3) Vitamin E (**토코페롤**: tocopherols)

비타민 E는 지용성 비타민으로 지방산이나 중성지방과 함께 흡수된다. 흡수된 비타민 E는 주로 간에 저장되지만 전체적인 양은 지방조직에 더 많이 저장된다. 지금까지 보고된 비타민 E의 종류는 각각 토코페롤과 토코트리에놀의 α, β, γ, δ로서 총 8가지이며, 이중 가장 활성적인 성분을 지닌 비타민 E는 α-토코페롤이다.

비타민 E의 가장 주된 기능은 체내에서 항산화제로서 작용하는 것이다. 항산화제는 활성산소 (free radical)로부터 인체를 보호하는 역할을 하는데, 세포는 DNA, 단백질 및 다불포화지방산 (polyunsaturated fatty acid: PUFA)과 같은 산화되기 쉬운 물질들로 구성되어 있기 때문에 체내의 활성산소 증가는 단백질을 손상시키거나 세포핵 내의 유전자인 DNA를 공격함으로써 유전적 변성을 일으켜 세포의 성장에 이상을 초래하거나 암을 발생시키기도 한다.

또한 활성산소는 지방산과 반응한다. 따라서 인지질로 이루어져 있는 세포막을 활성산소가 공격하여 세포막의 과산화를 일으켜 각종 질병의 원인이 되기도 한다. 그러나 비타민 E는 항산화제로서 이러한 유전적 변화를 예방하는데 도움을 줄 수 있기 때문에 중요하다.

또한 비타민 E는 피부와 표피층 아래의 결합조직과 같은 조직을 보호하는 역할을 하기 때문에 "항노화 비타민 (anti-aging vitamin)"이라고도 한다.

① 비타민 E와 운동

운동이 산화스트레스를 증가시키는 것이 밝혀지면서부터 강도 높은 운동에 따른 산화스트레스와 관련된 요인들이 항산화제인 비타민 E의 처치에 의해 어떠한 변화가 나타나는지에 대해 많은 연구들이 진행되고 있다.

비타민 E의 결핍은 적혈구 세포의 파괴에 의한 산소 운반능력을 감소시켜 유산소성 운동 능력을 감소시킬 가능성이 있지만 지금까지 비타민 E 처치에 의한 경기력향상을 위한 보조물로서의 효과에 대한 연구는 매우 부족한 실정이다.

한 연구에 따르면 최대산소섭취량, 근력, 지구력, 젖산농도와 같은 일반적인 운동능력 요소뿐만 아니라 심혈관계와 관련된 운동능력 테스트에서도 장기간의 비타민 E 처치에 따른 효과는 없는 것으로 보고하였다. 또한 독일의 국가대표 사이클 선수들을 대상으로 5개월간 비타민 E를 보충한 결과, 혈장의 α-토코페롤 (tocopherol) 수준이 평소의 2배 이상 증가하였음에도 불구하고 운동수행력 및 심박수에는 변화가 없었다. 또한 트레이닝 기간 중에 비타민 E를 투여한 집단과 위약 집단간에 최대산소섭취량은 유의한 차이를 나타내지 못하였다고 보고하였다. 따라서 운동능력을 향상시키기 위한 비타민 E의 보충은 권장되지 않는다고 볼 수 있다.

표 6-13. 비타민 E의 연령별 영양섭취 기준표

<table>
<tr><th></th><th colspan="2">영아(month)</th><th colspan="2">어린이(yr)</th><th colspan="2">남성(yr)</th><th colspan="2">여성(yr)</th><th>임산부</th><th>수유부</th></tr>
<tr><td rowspan="3">비타민 E
(mg/day)</td><td>0-6</td><td>4</td><td>1-3</td><td>6</td><td>14-18</td><td>15</td><td>14-18</td><td>15</td><td rowspan="3">15</td><td rowspan="3">19</td></tr>
<tr><td rowspan="2">7-12</td><td rowspan="2">5</td><td>4-8</td><td>7</td><td>19-50</td><td>15</td><td>19-50</td><td>15</td></tr>
<tr><td>9-13</td><td>11</td><td>50<</td><td>15</td><td>50<</td><td>15</td></tr>
</table>

② 결핍 시 문제점

비타민 E의 결핍은 극심한 저지방식 및 무지방 식이를 섭취하는 사람들이나 빈민국에서 나타날 수 있다. 비타민 E의 결핍증상으로는 생식불능, 근 위축증, 신경질환, 빈혈, 간의 괴사 및 신경조직과 근육에 세포막 손상을 일으킬 수 있다.

뿐만 아니라 적혈구세포의 세포막을 손상시킴에 따라 에너지 부족과 신체기능을 감소시키는 용혈성빈혈 (hemolytic anemia)을 발생시킬 수 있다. 또한 비타민 K의 흡수를 방해하여 혈소판 응집의 감소, 수술 후 출혈의 초래, 위장 장애, 두통 및 만성피로 등의 증상이 나타날 수 있다.

③ 급원식품

비타민 E가 풍부한 식품으로서는 키위, 아몬드, 아보카도, 달걀, 우유, 견과류, 녹색잎채소, 식물성기름, 소맥배아, 통곡류 등이 알려져 있다.

(4) Vitamin K (필로키논: phylloquinone, 메나키논: menaquinones)

인체는 열상이나 찰과상과 같은 상처가 생겼을 때 일련의 반응을 통해 출혈을 멈추도록 하기 위해 혈액이 응고되도록 하는 프로트롬빈 (prothrombin)이라는 물질을 생성하게 되는데 일차적으로 비타민 K가 프로트롬빈을 생성하는데 도움을 주어 응고과정이 원활하게 진행되도록 하는 역할을 담당하고 있다.

또한 비타민 K는 골 대사에도 깊이 관여하여 칼슘과 함께 골의 형성에 도움을 주기 때문에 골밀도 및 골염량을 유지하도록 도와준다. 이러한 작용은 비타민 K가 오스테오칼신 (osteocalcin: 골 형성 단백질)의 합성을 촉진하기 때문이다.

① 비타민 K와 운동

최근까지 여성 엘리트 선수들에게 비타민 K의 처치가 오스테오칼신의 칼슘 결합 능력을 향상시켜 골 형성 요인의 증가를 촉진하고 골 흡수와 관련된 인자를 감소시킴으로서 골 형성과 골 흡수사이의 균형을 개선시킨다는 골대사와의 연관성에 대한 연구가 이루어져 왔다.

다만 비타민 K의 처치는 아마도 결핍에 따른 증상들이 나타나는 사람들이나 수술이 필요하거나 상해를 입은 선수들이 처방을 받아 복용할 수 있을 것이다.

표 6-14. 비타민 K의 연령별 영양섭취 기준표

	영아(month)		어린이(yr)		남성(yr)		여성(yr)		임산부	수유부
비타민 K (μg/day)	0-6	5	1-3	15	10-18	35-55	10-18	35-55	55	55
			4-6	20	19-65	65	19-65	55		
	7-12	10	7-9	25	65<	65	65<	55		

② 결핍 시 문제점

비타민 K 결핍은 잘 나타나지 않지만 결핍에 의한 혈액 응고에 이상을 초래하여 과도한 출혈을 일으킬 수 있다. 인체에서 필요로 하는 비타민 K는 소량이며 장내세균에 의해 일일 필요량의 약 10-15%정도가 생산될 수 있다.

그러나 만성 소화장애증, 크론병 및 낭포성 섬유증과 같은 지방흡수장애가 나타나는 경우 비타민 K의 결핍 증상이 나타날 수 있다. 또한 유아에게 있어서 빈번하게 발생할 수 있는데 이는 장내세균의 부족이나 모유로부터 섭취될 수 있는 비타민 K가 부족하기 때문이다.

③ 급원식품

비타민 K가 풍부한 식품으로서는 녹색 잎채소, 아보카도, 키위. 파슬리, 시금치, 브로콜리, 우유, 계란 등이 알려져 있다.

표 6-10에 수용성 비타민의 종류에 따른 기능, 주요 급원식품, 결핍현상 및 과잉증상 등에 대하여 정리하여 나타내었다.

표 6-15. 지용성 비타민의 종류에 따른 특징

종류	기능	섭취기준	급원식품	결핍증	과잉증
비타민 A	시력유지 세포분화, 골격성장, 신경계 및 생식계 기능유지	남자 750μgRE 여자 650μgRE	동물 및 생선의 간, 달걀, 당근, 김, 늙은 호박	야맹증, 안구건조, 피부이상, 성장부진, 성기능장애	두통 및 구토, 피부이상, 뼈 통증, 탈모, 간/췌장 비대
비타민 D	뼈의 성장 및 석회화 촉진, 칼슘 및 인의 흡수 촉진	5-10μg	달걀, 생선 간유	구루병, 골연화증, 골다공증	성장지연 구토 설사 신장손상 체중감소
비타민 E	항산화기능 동물 생식에 관여	10mg-αTE	식물성 지방, 녹황색 채소, 마가린, 쇼트닝	용혈성 빈혈 신경파괴	근육허약 두통/피로/오심 비타민K대사방해
비타민 K	혈액 응고 골형성	남자 75μg 여자 65μg	녹황색 채소, 간, 곡류, 과일	내출혈	빈혈 황달

Memo

Memo

Memo

제 7장. 미네랄과 운동

1. 미네랄이란?

미네랄은 탄수화물, 지방, 단백질 및 비타민과 달리 유기체가 아니지만 동물의 생명 유지에 필수적이며 약 20가지가 알려져 있다. 또한 미네랄은 열량을 포함하고 있지 않지만 신체에서는 미네랄이 필수적으로 필요하다.

미네랄의 일반적인 기능은 뼈, 치아와 같은 골격계의 필수적인 구성 성분이며, 체내의 삼투압조절과 신경자극의 전달이나 근육의 수축기전에 필수적이다. 또한, 인체 내에서 산-염기 조절에 중요한 역할을 담당함으로써 체액이나 혈액의 pH를 조절하기도 한다.

이러한 미네랄은 보통 신체에서 필요한 양에 따라 크게 2가지로 분류할 수 있는데, 다량무기질과 미량무기질로 나눌 수 있다. 다량무기질과 미량무기질의 종류는 표 7-1에서 나타내었다. 이번 장에서는 다량무기질과 미량무기질 중 운동 능력 향상과 관련이 있는 미네랄을 중심으로 다루고자 한다.

표 7-1. 필수 무기질의 종류

다량무기질 (major mineral)	미량무기질 (trace mineral)	
칼슘 (calcium, Ca)	철 (iron, Fe)	크롬 (chromium, Cr)
마그네슘 (magnesium, Mg)	아연 (zinc, Zn)	불소 (fluorine, F)
칼륨 (Kalium, potassium)	망간 (manganese, Mn)	수연 (molybdenum, Mo)
인 (phosphorus, P)	구리 (copper, Cu)	니켈 (nikel, Ni)
염소 (chloride, Cl)	요오드 (iodine, I)	규소 (silicon, Si)
황 (sulfur, S)	코발트 (cobalt, Co)	바나듐 (vanadium, V)
	셀레니움 (selenium, Se)	비소 (arsenic, As)

1) 다량무기질

다량무기질의 종류로서는 칼슘, 마그네슘, 칼륨, 인, 염소, 황 등이 있다.

(1) 칼슘 (calcium)

칼슘의 원소기호는 Ca으로 나타내며 원소번호는 20번이다. 칼슘은 건강한 식단을 통해 반드시 섭취해야할 중요한 미네랄 성분 중의 하나이며, 전체의 약 99%가 뼈와 치아에 저장되어 있다.

미국 국립 골다공증 재단의 보고에 의하며 칼슘은 젊은 시기에 뼈의 강도와 밀도를 증가 시키는데 중요하며 노년기에는 골 건강을 지킬 수 있도록 하는데 중요한 역할을 한다고 보고하고 있다. 또한 체내에 저장되어 있는 나머지 칼슘은 근육, 심장, 동맥 등에서 수축을 자극할 뿐만 아니라 아세틸콜린 생산에 의한 세포 간 신경자극전달을 조절하는 역할을 한다.

또한 혈소판으로부터 혈액응고를 돕는 혈장단백질인 트롬보플라스틴 (thromboplastin)을 방출함으로서 정상적인 혈액응고를 위해 필수적이며, ATPase 및 숙신산 탈수소효소 (succinate dehydrogenase)를 포함한 많은 종류의 주요 효소의 활성을 촉진한다.

① 칼슘과 운동

운동능력에 있어서 칼슘의 작용은 근육의 수축기전에 직접적으로 관여한다는 것이다. 그러나 이론적으로 칼슘의 이용률이 근조직에서 낮거나 감소한다면 근 수축 기전이 손상을 받는다. 따라서 근육 수축의 저하에 따른 운동 수행력에 영향을 미칠 수 있으며 근육과 체액 내에 칼슘 불균형에 따른 근 경련이 발생 할 수도 있다.

그러나 최근 연구들은 운동에 의한 혈중 칼슘 농도의 변화는 육상 선수에게 있어서 근 경련의 발생과 연관성이 없다는 것을 발견하였다. 왜냐하면 운동 선수에서 칼슘결핍은 매우 드물게 나타나며 칼슘농도가 정상범위 이하로 낮아지게 되면 뼈로부터 골흡수를 통한 혈중으로의 칼슘 동원이 빠르게 일어나기 때문이다.

그러나 칼슘 섭취의 불균형은 골다공증 (osteoporosis) 및 골연화증 (osteopenia)과 같은 골대사성 질환을 일으킬 수 있다. 특히 운동중의 칼슘대사의 변화는 운동의 강도에 따라 다르게 나타난다.

중강도의 운동은 혈중 활성형 비타민 D의 농도를 증가시키지만 부갑상선 호르몬 (PTH) 농도는 감소시키며 이러한 PTH 농도의 감소는 소변으로의 칼슘 배출을 감소시킨다. 따라서 혈청 칼슘 농도는 약간 증가하거나 정상을 유지하기 때문에 뼈의 강도나 질량에는 영향을 미치지 않는다.

그러나 고강도의 운동은 칼슘 대사에 부정적으로 작용한다. 고강도의 운동은 활성형 비타민 D의 농도에는 영향을 미치지 않지만 PTH의 농도를 증가시켜 골밀도와 골염량을 감소시킨다. 또한 소변으로의 칼슘 배출을 증가시켜, 혈중 칼슘 농도가 감소하게 된다.

이러한 골대사와 관련된 증상들은 여성에게서 더 빈번하게 나타날 수 있다. 특히, 체중 조절을 해야 하는 선수들은 충분한 칼슘 섭취를 하지 못하기 때문에 운동에 의한 칼슘 손실은 증가할 것이다.

예를 들어 10주간의 고강도 운동을 실시한 결과 칼슘의 소변 배출이 증가하고 혈중 칼슘 농도는 감소하여 정상수치 이하로 떨어졌다고 보고하였다. 그러나 이러한 칼슘농도의 감소는 휴식기에 빠르게 회복되는 것으로 보고하였는데 이것은 혈중 칼슘 농도가 체내의 항상성 시스템에 의해 뼈로부터의 칼슘 동원을 통해 정상범위로 조절되기 때문에 장기간의 칼슘 결핍은 골 대사에 부정적인 영향을 미칠 수 있다.

표 7-2. 칼슘의 연령별 영양섭취 기준표

<table>
<tr><th></th><th colspan="2">영아(month)</th><th colspan="2">어린이(yr)</th><th colspan="2">남성(yr)</th><th colspan="2">여성(yr)</th><th>임산부</th><th>수유부</th></tr>
<tr><td rowspan="3">칼슘
(mg/day)</td><td>0-6</td><td>210</td><td>1-3</td><td>500</td><td>14-18</td><td>1,300</td><td>14-18</td><td>1,300</td><td rowspan="3">1,000</td><td rowspan="3">1,000</td></tr>
<tr><td rowspan="2">7-12</td><td rowspan="2">270</td><td>4-8</td><td>800</td><td>19-50</td><td>1,000</td><td>19-50</td><td>1,000</td></tr>
<tr><td>9-13</td><td>1,300</td><td>50<</td><td>1,200</td><td>50<</td><td>1,200</td></tr>
</table>

② 결핍 시 문제점

인체의 칼슘 농도는 보통 위장에서의 칼슘 흡수와 신장을 통한 칼슘 배출에 의해 조절된다. 그러나 칼슘 결핍에 의한 혈중 칼슘농도의 감소는 다양한 호르몬 조절을 통해 정상범위 (8.5-10.5mg/dL)를 유지하게 된다.

특히 PTH는 혈중 칼슘 농도를 조절하는 대표적인 호르몬으로서 혈중 칼슘 농도가 감소하면 PTH의 분비를 촉진하게 되는데 이는 뼈로부터 칼슘을 방출하도록 하며, 신장에서는 활성형 vitamin D를 생성하여 위장에서의 칼슘흡수를 촉진하는 방법으로 혈중 칼슘 농도를 조절하기 때문에 칼슘 섭취의 부족은 골다공증의 원인이 될 수 있다.

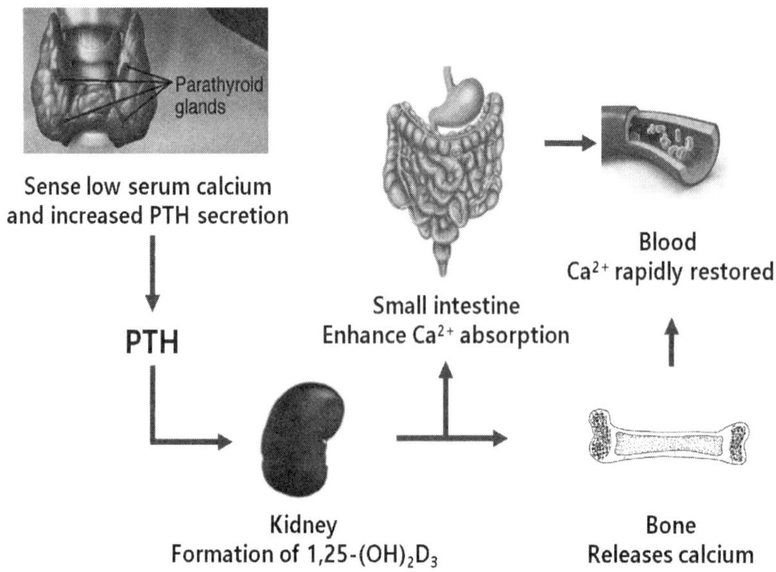

그림 7-1. 혈중 칼슘 농도의 조절 기전

또한 저칼슘혈증의 원인으로는 부갑상선기능 저하증, 비타민 D 결핍, 만성 신장 질환을 앓고 있는 경우에 나타날 수 있는데, 근경련과 같은 증상을 나타낼 수 있다.

이러한 저칼슘혈증은 선수뿐만 아니라 일반인들에게서도 칼슘 권장 섭취량의 50% 이하로 섭취할 경우 나타나는 주된 요인이며 골다공증 발생의 가장 주된 요인이다.

③ 급원식품

칼슘이 풍부한 식품으로서는 저지방 우유, 저지방 요거트, 저지방 치즈를 포함한 유제품, 두부, 브로커리, 시금치, 케일, 순무, 건포도, 콩, 아몬드, 생선류 등이 알려져 있다.

(2) 인 (phosphorus)

인의 원소기호는 P로 나타내며 원소 번호는 15번이다. 인은 체내에서 인산염 (phosphate)의 형태로 무기인이나 다른 무기질 또는 유기물질과 결합하여 존재하는데 세포의 핵에 존재하는 DNA와 RNA의 구성성분을 이루고 있다.

인은 적절한 세포의 기능, 뼈와 치아의 강직성 유지, 크레아틴 인산 (phosphocreatine) 형성 및 체내에서 에너지대사를 위한 ATP (adenosine triphosphate) 분자를 만들기 위해 필수적인 영양소이다. 또한 인산기와 지방산이 결합한 형태인 인지질 (phospholipid)은 신경세포를 포함하는 모든 세포들의 세포 간 정보 전달에 매우 중요한 역할을 하는 구조물인 세포막을 형성하고 있다. 그리고 무기인산염은 보통 체액의 산-염기 (pH) 균형을 조절하므로 운동 중 체내의 산성화를 억제하는 역할도 한다.

① 인과 운동

인의 처치는 완충제로서의 기능을 하기 때문에 운동선수의 피로를 예방하는 것으로 알려졌다. 그러나 인의 처치에 따른 피로예방 효과는 아직 명확하지 않다. 인을 섭취하기 위한 일반적인 형태로 인산나트륨, 인산칼륨 및 인산칼슘이 존재하며 인산나트륨은 매우 높은 생리활성 효과가 있는 것으로 보고되었다.

한 연구에 따르면 하루 4g의 인산나트륨을 3일간 보충한 후 최대하 운동 상태에서 젖산 농도가 감소하였으며 유산소운동능력은 증가하였다고 보고하였다. 그러나 몇몇 연구에서는 인의 보충은 운동능력에 영향을 미치지 못했다고 보고하여 상반된 결과를 나타내었다.

또한 장시간의 과도한 인의 처치는 골대사에 나쁜 영향을 미치기 때문에 선수들이나 일반인들에게 있어서 운동능력의 향상과 건강을 위한 인의 처치는 하루 필요량에 맞게 적당량을 섭취하는 것이 좋다.

표 7-3. 인의 연령별 영양섭취 기준표

	영아(month)		어린이(yr)		남성(yr)		여성(yr)		임산부	수유부
인 (mg/day)	0-6	100	1-3	460	14-18	1,250	14-18	1,250	700	700
	7-12	270	4-8	500	19-50	700	19-50	700		
			9-13	1,250	50<	700	50<	700		

② 결핍 시 문제점

인은 거의 모든 식품에 함유되어 있는 영양소로서 결핍증상은 매우 드물다. 그러나 결핍 시에는 식욕저하, 빈혈, 근육통, 부적절한 골 형성 (골연화증), 마비, 면역기능 저하 등이 나타날 수 있으며, 위산을 중화시키는 약제인 제산제 (antacid: 인의 흡수를 감소시킴)의 과도한 섭취 및 부갑상선기능 항진증 (hyperparathyroidism)을 앓고 있는 경우에 결핍증상이 발생 할 수 있다.

③ 급원식품

인이 풍부한 식품은 씨앗류, 치즈, 생선, 조개류, 견과류, 고기류 (소고기, 돼지고기), 저지방유제품, 대두 등이 알려져 있다.

(3) 마그네슘 (Magnesium)

마그네슘의 원소기호는 Mg로 나타내며 원소번호는 12번이다. 마그네슘은 인체의 근육과 신경계통의 정상적인 기능을 유지하기 위한 필수적인 미네랄로서 면역기능, 심박동 조절 및 연골과 뼈 그리고 치아를 구성하는 성분으로서 강한 골격계를 형성하는데 필수적이다.

또한 인체에서 약 300개가 넘는 생화학적인 반응들을 조절하고 있기 때문에 인체의 모든 기관들은 마그네슘이 필요하며 특히 심장, 근육 및 신장은 필수적으로 필요하다. 그리고 보다 중요한 것은 효소시스템을 활성화 시키는 인자로서 탄수화물, 단백질 및 지방 대사를 통한 에너지 생산과 칼슘 농도의 조절뿐만 아니라 구리, 아연, 칼륨, 비타민 D 및 다른 중요한 영양분을 조절하는데도 필요하다. 그리고 효소활성의 역할을 통해 세포내 산-염기를 조절하는 역할을 하기도 한다.

① 마그네슘과 운동

마그네슘은 주요 당 분해효소를 위한 보조인자로서 작용하여 무산소 및 유산소운동 대사에 영향을 미치며, 미토콘드리아 내에서 전자전달계를 통한 ATP 생산을 위해 필수적이다. 뿐만 아니라 ATP의 구조적 안정성을 유지하여 에너지 생산에 도움을 주거나 당대사, 지질대사 및 단백질 대사에도 관여한다. 이러한 기능 외에 신체활동 동안 근육의 수축과 이완을 위해 이용되기도 한다.

그러나 마그네슘의 보충을 통한 운동능력 향상에 대한 결과는 아직 명확하지 않거나 효과가 없는 것으로 밝혀졌다. 한 연구에 따르면 젊은 남성들을 대상으로 마그네슘 처치에 따른 무산소성 운동 능력 검사를 위해 7주간의 근력트레이닝 후 하루 500mg의 마그네슘을 처치한 결과 마그네슘 처치군이 대조군에 비해 최대 무릎신전토크가 증가하였지만 다른 연구에서는 마그네슘 처치에 의한 효과가 나타나지 않았다. 주목할 만한 것은 대부분의 연구에서 마그네슘 처치 효과가 가장 큰 것은 마그네슘이 결핍된 상태에서 나타난다고 보고하였다는 것이다.

따라서 다른 미네랄과 마찬가지로 정상적인 식품섭취를 통해 마그네슘이 적절히 섭취 되었을 경우는 마그네슘의 보충섭취가 효과적이지 않지만 만약 결핍된 상태라면 근력저하 및 근 경련과 같은 결핍에 의한 증상 혹은 운동능력 저하를 개선하는데 도움이 될 것이다.

표 7-4. 마그네슘의 연령별 영양섭취 기준표

	영아(month)		어린이(yr)		남성(yr)		여성(yr)		임산부	수유부
마그네슘 (mg/day)	0-6	30	1-3	80	14-18	410	14-18	360	350-360	310-320
			4-8	130	19-30	400	19-30	310		
	7-12	75	9-13	240	30<	420	30<	320		

② 결핍 시 문제점

체내의 마그네슘 농도는 신장에 의해 조절되기 때문에 하루 섭취량의 차이가 크더라도 정상범위를 유지한다. 그리고 많은 양의 마그네슘이 뼈에 저장되어 있기 때문에 보통 초기 수 개월간은 부족현상이 외관상으로 쉽게 나타나지 않는다.

그러나 섭취부족 시 고혈압과 같은 심혈관계 기능 이상을 포함한 다양한 문제들이 발생될 수 있을 뿐만 아니라 탄수화물대사에도 문제가 발생할 수 있다. 근 경련, 심혈관계질환, 당뇨, 고혈압, 불안장애, 편두통, 골다공증, 뇌경색 등을 유발시킬 수 있다.

③ 급원식품

마그네슘이 풍부한 식품은 시금치, 견과류, 생선류, 통곡물, 저지방유제품, 바나나, 무화과, 다크초콜릿 등이 알려져 있다.

(4) 나트륨

나트륨 (sodium)의 원소기호는 Na로 나타내며 원소번호는 11번이다. 인체에서 나트륨은 약 90%가 세포외액의 전해질 성분으로 존재하며, 혈액량, 혈압, 삼투평형 및 pH를 조절하는 필수 영양소이다.

일반적으로 몇몇 식물들에게도 적은양의 나트륨이 필요하지만 신경자극의 전달, 근육의 전기적 자극에 의한 근 수축, 체액의 균형, 심장의 활동 그리고 포도당과 아미노산 등 영양물질의 체내 수송에도 관여하는 등 인체에 미치는 다양한 생리적 작용에 필요하다. 또한, 나트륨의 과도한 섭취는 혈액의 부피를 증가시키고 혈관수축에 관여하는 나트륨 배설 호르몬과 부신수질 호르몬 분비를 증가시켜 말초혈관저항을 상승시킴으로서 고혈압을 유발시켜 고혈압과의 연관성이 큰 것으로 여러 연구에서 밝혀지고 있으며, 과도한 나트륨의 섭취는 신장질환의 발병 위험률을 증가시키고 소변으로 칼슘의 배출을 촉진함으로서 골다공증 (osteoporosis)의 발병빈도를 증가시킬 수 있다.

우리나라의 경우 국민건강통계 조사 결과에 따르면 만 1세 이상 국민의 나트륨 평균 섭취량은 최근 10년간 4,500mg이상으로 WHO가 설정한 하루 2,000mg의 2배 이상인 것으로 조사되었다. 이러한 나트륨의 섭취는 식품자체에 함유되어 섭취하는 것보다 조리에 의해 첨가하는 식염형태의 섭취량이 많으며 김치, 면, 만두류, 국, 탕류, 찌개 및 전골류 등의 순으로 나트륨의 함량이 높은 급원 음식군으로 나타났다.

① 나트륨과 운동

나트륨은 포도당의 흡수를 지원해주기 때문에 운동을 하는 동안 에너지 생산을 위한 스포츠 음료에 필요한 중요한 미네랄 성분 중의 하나이다. 뿐만 아니라 나트륨은 체내의 체액 조절에 필요한 주요한 전해질이며, 이러한 전해질들은 전기신호를 신경을 통해 근육으로 전달하여 근수축이 일어나도록 하는 생리적 기능을 가지고 있다. 또한 정상 혈압을 유지하고 조절하는 중요한 역할도 하고 있다.

그러나 일반적으로 나트륨의 보충은 권장되지 않는다. 음식을 통해 섭취되는 나트륨의 양은 하루에 필요한 충분한 양보다 많이 섭취되기 때문이다. 다만 4시간 이상 지속되는 트라이애슬론과 같은 장거리 선수에게는 땀으로 배출되는 나트륨의 양이 상당하므로 체내의 전해질 평형을 위해 필요할 것이다.

표 7-5. 나트륨의 연령별 영양섭취 기준표

	영아(month)		어린이(yr)		남성(yr)		여성(yr)		임산부	수유부
나트륨 (g/day)	0-6	0.12	1-3	1.0	14-50	1.5	14-50	1.5	1.5	1.5
	7-12	0.37	4-8	1,2	50-70	1.3	50-70	1.3		
			9-13	1.5	70<	1.2	70<	1.2		

② 결핍 시 문제점

보통 나트륨은 과잉섭취에 의한 신장질환이나 고혈압과 같은 여러 생리적 문제점들을 초래할 수 있기 때문에 결핍문제 보다는 섭취과잉에 의한 문제가 더욱 심각하며 보다 빈번하게 나타난다.

체내의 정상 나트륨 농도는 136-145mM로서 나트륨 농도가 130mM이하로 떨어지면 수분과잉으로 부종 상태가 나타나는 저나트륨혈증 (hyponatremia)을 일으키며, 125mM 이하로 떨어지면 발작이나 혼수상태에 빠질 수 있다.

또한 저나트륨혈증에 의한 증상으로서 근 경련, 메스꺼움, 구토, 현기증 및 발작 등이 나타날 수 있다. 그리고 고온의 환경에서는 과도한 일을 수행하거나 과도한 운동에 따른 다량의 땀 배출과 함께 나트륨이 배출됨에 따라 탈수 증상에 의한 저혈압을 수반하는 부신피질기능저하증 (hypoadrenocorticism)을 일으킬 수 있다.

③ 급원식품

나트륨이 풍부한 식품은 소금, 샐러드 드레싱, 절인 고기 및 생선, 우유, 치즈, 당근, 시금치, 샐러리, 피클 등이 알려져 있다.

(5) 칼륨

칼륨 (potassium)의 원소기호는 K로 나타내며, 원소 번호는 19번이다. 주로 과일과 채소의 섭취에 의해 보충 된다. 칼륨은 뇌기능의 활성화와 신경의 뉴런 기능에 중요한 역할을 담당하고 있으며, 세포와 간질액 (interstitial fluid) 사이의 삼투평형에 영향을 미친다. 또한 칼륨의 처치는 혈압에 있어서 나트륨에 의한 혈압 상승을 방해함으로서 혈압을 낮게 유지 하도록 도움을 주는 역할도 한다. 이러한 역할은 체내에서 상호 의존적으로 칼륨의 처치에 의해 소변 중 나트륨 배설을 증가시키기 때문이다. 따라서 칼륨의 섭취는 고혈압의 예방과 치료에 효과적일 수 있다.

한편, 칼륨은 주로 세포내액에 존재하고 나트륨은 주로 세포외액에 존재하기 때문에 나트륨-칼륨 펌프 (Na^+-K^+ pump: 그림 7-2)를 통해 세포막 내외의 전압차를 일정하게 유지시켜 신경세포나 근육세포에서의 자극전도에 영향을 미친다.

따라서 칼륨은 세포 내 전해질의 중요한 요소로서 운동을 하는 동안에 나트륨과 함께 작용하여 세포 내외의 균형 유지를 위해 중요한 역할을 한다. 또한 칼륨은 에너지 대사, 골격근의 수축과 이완, 혈압의 유지 등의 생리적 기능을 담당하고 있다.

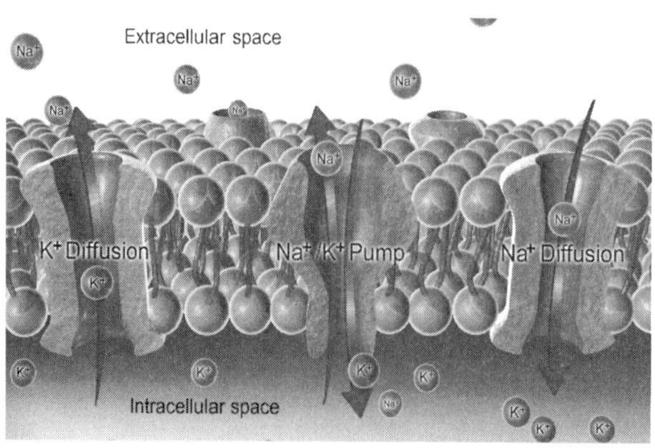

그림 7-2. Na^+-K^+ 펌프를 통한 나트륨과 칼륨의 이동

① 칼륨과 운동

칼륨 농도의 체내 불균형은 심장의 부정맥, 근력저하 및 신경전도의 감소 등을 초래하기 때문에 칼륨결핍은 운동능력에 부정적으로 작용할 수 있다.

그러나 체내의 칼륨 농도는 신장과 함께 다양한 호르몬들의 작용에 의해 정상범위 내에서 조절이 되며, 일반적으로 정상식사를 섭취할 경우 충분한 양이 흡수되기 때문에 칼륨의 보충은 권장되지 않는다. 오히려 과도한 칼륨의 섭취는 신경전달과 근 수축을 방해하거나 최종적으로 심장마비를 일으킬 수 있기 때문에 인체에 해가 될 수 있다.

표 7-6. 칼륨의 연령별 영양섭취 기준표

<table>
<tr><th></th><th colspan="2">영아(month)</th><th colspan="2">어린이(yr)</th><th colspan="2">남성(yr)</th><th colspan="2">여성(yr)</th><th>임산부</th><th>수유부</th></tr>
<tr><td rowspan="3">칼륨
(g/day)</td><td>0-6</td><td>0.4</td><td>1-3</td><td>3.0</td><td>14-18</td><td>4.7</td><td>14-18</td><td>4.7</td><td rowspan="3">4.7</td><td rowspan="3">5.1</td></tr>
<tr><td rowspan="2">7-12</td><td rowspan="2">0.7</td><td>4-8</td><td>3.8</td><td>19-70</td><td>4.7</td><td>19-70</td><td>4.7</td></tr>
<tr><td>9-13</td><td>4.5</td><td>70<</td><td>4.7</td><td>70<</td><td>4.7</td></tr>
</table>

② 결핍 시 문제점

혈중의 칼륨 농도가 낮은 상태인 저칼륨 혈증은 빈번한 설사, 구토 및 이뇨제의 사용에 의해 나타난다. 그리고 운동선수에게 있어서는 과도하게 땀을 흘릴 경우 수분 배출에 의해 칼륨 결핍의 위험성이 커진다.

일반적인 칼륨 결핍의 증상은 근경련, 근력저하 및 식욕저하가 나타나며, 급격한 칼륨농도의 변화나 혹은 장기간의 칼륨 결핍에 따른 심장 부정맥을 일으킬 수 있다.

③ 급원식품

칼륨이 풍부한 식품은 흰 콩류, 녹색채소 (시금치), 감자, 살구, 플래인 요거트, 연어, 아보카도, 버섯류, 바나나, 견과류, 수박 등이 알려져 있다.

표 7-7에 다량 무기질의 종류에 따른 기능, 급원식품, 결핍증 및 과잉증에 대하여 요약하여 나타내었다.

표 7-7. 다량 무기질의 종류에 따른 특징

종류	기능	급원식품	결핍증	과잉증
칼슘	골격구성, 혈액응고, 신경전달, 근수축, 세포대사	우유 및 유제품, 녹색 채소, 생선 뼈	골다공증 등 골소실의 위험	신장결석 (위약군의 경우)
인	골격구성, 세포 구성, 대사 중간물질, 산-염기 평형	유제품, 어육류, 제빵류, 탄산음료, 곡물류	골격손상 가능성	골격소실 가능성(신부전증 환자)
마그네슘	치아 구성, 효소의 구성 성분, 신경과 심근에 작용	녹황색 채소, 견과류, 전곡, 콩류	허약, 근육통, 심기능 약화, 신경장애	허약 증세 (신장기능 이상자)
황	세포단백질 과 비타민 구성, 약물해독, 산-염기 평형	단백질 식품	알려져 있지 않음	흔하지 않음
나트륨	세포외액의 양이온, 신경자극 전달, 삼투압 조절, 산-염기 평형, 포도당 흡수	식탁염, 가공식품, 양념류, 스낵과자, 육류	근육경련, 식욕감퇴	고혈압, 요중 칼슘 소실 증가
칼륨	세포내액의 양이온, 산-염기 평형, 신경자극 전달, 삼투압 조절, 글리코겐 형성 관여	시금치, 호박, 바나나, 오렌지 쥬스, 채소, 과일류, 우유, 육류, 콩류	부정맥, 식욕감퇴, 근경련	서맥 현상(신기능 이상 시)
염소	세포외액의 음이온, 위액 형성, 신경자극 전달	식탁염, 가공식품	혼수상태(유아의 경우)	고혈압(위약군의 경우)

2) 미량 무기질

미량무기질의 종류로는 철, 아연, 망간, 구리, 요오드, 코발트 등이 있다.

(1) 철 (Iron)

일반적으로 철은 식물과 동물 모두에서 발견되는데 동물성 식품에서 얻어진 철이 식물성 식품에서 얻어진 것보다 흡수율이 높다. 철은 체내에서 건강유지와 최상의 신체활동 유지를 위해 필수적이다. 철은 산소의 이용과 운반을 위해 필수적인 요소이기 때문에 지구력 트레이닝과 유산소 운동을 위해서는 필수적인 영양소이다.

헴 (heme)은 헤모글로빈과 미오글로빈 등의 구조에 철이 포함된 단백질로서 주로 혈액 속에 분포한다. 헤모글로빈은 체내에서 폐를 통해 조직과 세포로 산소를 운반하는 적혈구의 구성성분이며, 근육에서 발견되는 미오글로빈은 근육 세포로 산소를 공급하는 역할을 담당하고 있다. 이렇게 운반된 산소는 신체활동을 하는 동안 에너지를 생산하기 위해 사용되고 배출된 이산화탄소는 다시 혈액을 통해 폐로 이동된다.

한편 생명 현상에 필수적인 여러 단백질과 효소가 철을 포함하고 있기 때문에 에너지 생산뿐만 아니라 생물학적 산화-환원 반응에 관여하며 뇌의 발달과 면역기능에도 관여하는 것으로 알려져 있다.

① 철과 운동

달리기 선수, 채식주의자, 월경기간 중 과다출혈, 고지에서 훈련하는 선수, 체조선수와 같이 식사를 제한하거나 월경 등의 생리적 현상 때문에 빈혈과 철 결핍에 노출되기 쉬운 선수들은 산소공급 부족과 같은 증상들을 경험 할 수 있다.

빈혈은 근육의 산소 이용과 운반을 감소시켜 장시간의 고강도 운동을 수행하는데 어려움을 줄 수 있다. 따라서 철 결핍성 빈혈을 진단 받은 선수라면 철의 보충이 체내 철의 농도를 회복시키고 철 결핍에 따른 운동 능력 역시 회복될 수 것이다.

그러나 일반적으로 정상 범위의 철 농도를 유지하고 있다면 추가적인 보충에 따른 운동능력 향상은 나타나지 않으며 오히려 장기간의 보충은 간 손상이나 결장암에 걸릴 위험성을 증가시킨다.

표 7-8. 철의 연령별 영양섭취 기준표

<table>
<tr><th></th><th colspan="2">영아(month)</th><th colspan="2">어린이(yr)</th><th colspan="2">남성(yr)</th><th colspan="2">여성(yr)</th><th>임산부</th><th>수유부</th></tr>
<tr><td rowspan="6">철
(mg/day)</td><td rowspan="3">0-6</td><td rowspan="3">0.27</td><td rowspan="2">1-3</td><td rowspan="2">7</td><td rowspan="2">14-18</td><td rowspan="2">11</td><td rowspan="2">14-18</td><td rowspan="2">15</td><td rowspan="6">27</td><td rowspan="6">9</td></tr>
<tr></tr>
<tr><td rowspan="2">4-8</td><td rowspan="2">10</td><td rowspan="2">19-50</td><td rowspan="2">8</td><td rowspan="2">19-50</td><td rowspan="2">18</td></tr>
<tr><td rowspan="3">7-12</td><td rowspan="3">11</td></tr>
<tr><td rowspan="2">9-13</td><td rowspan="2">8</td><td rowspan="2">50<</td><td rowspan="2">8</td><td rowspan="2">50<</td><td rowspan="2">8</td></tr>
<tr></tr>
</table>

② 결핍 시 문제점

선수들에게 있어서 철 결핍성 빈혈은 일반인들에 비해 나타날 위험성이 더 높다고 할 수 있다. 이러한 위험성에 영향을 미치는 요인들은 영양섭취 불균형, 채식주의자, 높은 운동량, 운동의 종류 및 땀 배출에 의한 손실 등이다.

따라서 철 결핍성 빈혈에 의한 산소 이용률의 저하는 산소를 가장 많이 사용하는 뇌의 기능 저하에 따른 학습능력 저하, 기억력과 집중력 저하, 두통, 불면증 등의 증상을 나타낼 수 있다.

주목할 만한 것은 운동성 빈혈이다. 운동성 빈혈은 주로 지구성 운동을 하는 선수들에게서 나타나는 빈혈인데 철 결핍성 빈혈과 혼돈하기 쉽다. 이는 트레이닝 초기에 나타나는 일반적이고 정상적인 현상으로 혈액량이 증가함에 따라 상대적으로 헤모글로빈 농도가 감소하여 나타나는 것으로 일반적인 빈혈증상과는 다른 것이다.

이러한 운동성 빈혈은 보통 혈중 헤모글로빈 농도는 낮지만 다른 철분의 상태를 나타내는 지표들은 정상을 유지한다. 따라서 보통 1-2개월 정도의 지속적인 트레이닝을 통해 혈액량이 정상으로 돌아오고 운동성 빈혈 또한 사라지게 된다.

③ 급원식품

철이 풍부한 식품은 소고기, 가금류, 생선류, 참치, 계란, 새우, 시금치, 현미 등이 알려져 있다.

(2) 크롬 (Chromium)

크롬의 주요기능은 탄수화물, 지방 및 단백질의 대사에 있어서 인슐린 활동을 증가시키는 것이다. 인슐린의 중요성은 혈당뿐만 아니라 아미노산을 세포내로 운반하며, 단백질 대사와 합성을 조절하는 것이다.

정확하게 어떠한 기전에 의해 크롬이 인슐린 활동을 증가시키는지에 대해서는 아직 명확하게 밝혀지지 않았지만, 크롬은 포도당 내당성 인자 (glucose tolerance factor)와 상호작용을 통해 인체의 당내성을 증가시킨다.

그리고 크롬은 인슐린 수용체의 수를 증가시켜 인슐린 민감성 증가와 제2형 당뇨병을 개선하는데 도움을 주는 것으로 보고하고 있다. 이러한 크롬과 인슐린의 관계 때문에 크롬의 결핍은 당뇨병의 발생 위험성을 증가시키는 요소로 작용할 수 있다.

① 크롬과 운동

크롬은 고강도 운동에 의해 소변과 땀으로 소량 배출되지만 정상식사를 하고 있는 선수라면 이러한 소실에 민감하게 반응할 필요는 없다. 그러나 크롬은 지방연소와 근육량 증가에 필요한 요소로서 작용하기 때문에 체조, 육상, 레슬링 선수 외에 체중조절에 민감한 저칼로리 식단을 하는 선수들의 경우는 세밀한 주의와 관찰이 필요하다.

특히, 앞서 설명한 바와 같이 크롬의 인슐린 작용 증가와 관련된 효과 때문에 이론적으로 근육 이화작용과 신체구성을 증가시킬 수 있기 때문에 주목해야 한다. 그러나 아직까지 운동에 있어서 크롬의 보충은 명확한 결과를 나타내고 있지 못하다.

한 연구에 따르면 20명의 미국대학 레슬링 선수들을 대상으로 보충제로서 피콜린산크롬 (chromium picolinate)을 처치한 후 체구성, 체중과 근력, 무산소 및 유산소 운동능력 등을 측정한 결과 처치에 따른 효과가 나타나지 않았다고 보고하였다.

이러한 연구와 같이 거의 모든 연구에서 크롬의 보충이 운동 능력 향상에 기여하지 못하는 것으로 보고하고 있으며, 크롬처치에 따른 부작용들이 나타날 수 있으므로 섭취에 주의가 필요하다.

특히, 운동선수들은 보충제를 통해 크롬의 추가적인 섭취를 피해야 한다. 이는 크롬이 철과 아연의 흡수를 방해하기 때문에 철과 아연의 결핍 증상을 나타낼 수 있다. 뿐만 아니라 헤모글로빈 생산에 필요한 철을 세포내로 공급하는 철결합 단백질인 트랜스페린 (transferrin)이 철과 결합하는 것을 방해하여 잠재적으로 산소 운반 능력을 감소시킬 가능성이 있다. 또한 아직 명확하지 않지만 크롬 보충이 장기간 동안 과도하게 이루어질 경우 염색체의 손상을 일으킬 수 있으므로 섭취에 주의를 해야 한다.

표 7-9 . 크롬의 연령별 영양섭취 기준표

	영아(month)		어린이(yr)		남성(yr)		여성(yr)		임산부	수유부
크롬 (μg/day)	0-6	0.2	1-3	11	14-18	35	14-18	24	30	45
			4-8	15	19-50	35	19-50	25		
	7-12	5.5	9-13	21-25	50<	30	50<	20		

② 결핍 시 문제점

크롬의 결핍은 인슐린 작용과의 연관성이 있기 때문에 고혈당 증세를 나타낼 수 있 있다.

(3) 구리 (Copper)

구리는 철 대사에 관여하고 있는 철 산화효소인 셀룰로프라즈민 (ceruloplasmin) 효소의 구성성분이다. 따라서 구리는 제 1철 (Fe^{2+})을 제2철(Fe^{3+})로 전환시켜 철결합 단백질인 트랜스페린에 의해 혈액 내로 철을 이동시킬 수 있도록 하기 때문에 산소대사를 돕고 빈혈을 예방한다. 한편 에너지 대사에 있어서 구리는 전자전달계에서 ATP와 같은 에너지 생산에 중요한 역할을 한다.

그리고 구리는 SOD (superoxide dismutase)를 포함한 다양한 항산화효소의 필수적인 구성요소로서 결합되어 있기 때문에 생체 내에서 산화 스트레스에 의한 세포 손상을 방지하는 기능을 한다.

① 구리와 운동

앞서 설명한 바와 같이 구리는 생리 활성 기능에 있어서 산소 운반을 통한 빈혈 예방과 전자전달계에서 에너지 생산에 관여하는 등 운동 능력 향상과 밀접한 관련이 있는 것으로 보인다. 그러나 운동선수들은 충분한 구리를 섭취하고 있기 때문에 보충제의 처치는 권고 되지 않는다.

구리의 처치와 운동능력의 향상에 있어서 연구한 결과를 보면 잘 훈련된 선수들에게 있어서 유산소 운동과의 상관관계는 없는 것으로 나타났으며, 대학 선수들을 대상으로 구리의 처치는 운동능력 향상에 효과가 없는 것으로 보고하였다.

또한, 고농도의 구리 처치는 독성을 나타낼 수 있으며, 메스꺼움과 구토 등의 부작용을 나타낼 수 있으므로 보충제의 추가적인 섭취는 주의가 필요하다.

표 7-10. 구리의 연령별 영양섭취 기준표

	영아(month)		어린이(yr)		남성(yr)		여성(yr)		임산부	수유부
구리 (μg/day)	0-6	200	1-3	340	14-18	890	14-18	890	1,000	1,300
			4-8	440	19-50	900	19-50	900		
	7-12	220	9-13	700	50<	900	50<	900		

② 결핍 시 문제점

구리의 결핍은 잘 나타나지 않는다. 그러나 과도한 철과 아연의 섭취는 구리의 흡수를 방해할 수 있으며 이에 따라 구리의 결핍이 나타날 수 있다.

구리 결핍에 의해 나타나는 증상들은 빈혈, 백혈구의 감소, 뼈의 이상 등이 나타날 수 있다. 또한 구리의 흡수 이상으로 멘케스 증후군 (Menkes syndrome)이 나타날 수 있으며, 장의 벽과 혈류를 통한 흡수 대신에 장의 벽과 다른 조직에 구리가 축적되면 신경학적 변성, 비정상적인 결합조직 발달 및 골 질량 감소 등의 증상이 나타날 수 있다.

③ 급원식품

구리가 풍부한 식품은 내장육, 해산물, 견과류, 곡물, 밀, 통곡물, 코코아 가공식품 등이 알려져 있다.

(4) 셀레늄 (Selenium)

셀레늄은 신체의 많은 단백질의 구성요소로서 특히 활성산소에 의한 세포의 손상 방지를 도와주는 항산화 효소인 glutathione peroxidase (GPx)의 구성성분으로서 주목받고 있다. 또한 GPx는 지속적으로 활성산소를 제거하는 역할을 하기 때문에 비타민 E를 절약하는 데 도움을 준다. 다시 말해서 셀레늄과 비타민 E는 각각 활성산소에 작용하는 것 보다 함께 작용할 때 보다 큰 효과를 나타낼 수 있다.

한편 셀레늄 관련 효소들은 적절한 갑상선과 면역기능 뿐만 아니라 건강한 태아의 발달과도 관련되어 있다. 또한 면역기능에 있어서 셀레늄의 역할은 암의 발생 위험을 감소시킨다.

그러나 아직까지 셀레늄과 관련된 연구는 주로 유아에 국한되어 있으며 역할과 기전 그리고 건강과 신체활동 능력과 관련된 효과는 아직까지 미흡한 실정이다.

① 셀레늄과 운동

신체 전반에 걸쳐 셀레늄의 역할은 운동능력에 있어서 잠재적인 생리활성 효과와 밀접한 관련이 있는 것으로 보인다. 그러나 이러한 셀레늄의 처치에 따른 생리활성에 관련된 연구는 아직 초기단계이다.

최근 운동과 관련된 연구에 따르면 운동에 의한 활성산소의 형성에 있어서 셀레늄의 효과에 대해 연구가 이루어지고 있지만 아직 정확한 효과에 대해서는 잘 알려져 있지 않으며, 고강도의 운동에 참여하고 있는 선수들의 항산화 능력이 낮은 것으로 나타나 이론적으로 셀레늄이나 다른 항산화제의 보충이 필요한 것으로 보고하였다. 이와 관련된 한 연구에 따르면 항산화제로서 비타민 E의 처치는 운동을 실시하는 동안 발생하는 지질과산화를 성공적으로 감소시켰지만 셀레늄의 보충에 대한 항산화 효과는 밝혀지지 않았다.

그러나 일반적으로 영양학적으로 잘 맞춰진 식품을 섭취할 경우 충분한 양의 셀레늄을 섭취할 수 있으며, 과도한 섭취는 오히려 독성을 유발 할 수 있으므로 추가적인 보충에 주의가 필요하다.

표 7-11. 셀레늄의 연령별 영양섭취 기준표

	영아(month)		어린이(yr)		남성(yr)		여성(yr)		임산부	수유부
셀레늄 (μg/day)	0-6	15	1-3	20	14-18	55	14-18	55	60	70
			4-8	30	19-50	55	19-50	55		
	7-12	20	9-13	40	50<	55	50<	55		

② 결핍 시 문제점

보통 셀레늄의 결핍은 선진국에서는 다양한 식품 공급을 통해 거의 나타나지 않는다. 토양의 셀레늄 농도는 전 세계적으로 다양할 수 있기 때문에 음식의 기원인 토양은 매우 중요하다.

영양학적으로 균형 잡힌 식단을 섭취하는 사람에게서는 셀레늄의 결핍현상이 잘 발생하지 않지만 셀레늄이 부족한 토양에서 자란 동식물을 이용한 식품을 섭취하는 지역주민의 경우 결핍 증상이 나타날 수 있다.

또한 셀레늄 결핍에 의한 증상들은 근육통, 근육 소모, 심근증 등이 나타날 수 있으며 심근증은 심장근육의 손상에 의해 발생하는 심장 질환이다, 그러나 심장 질환과의 연관성에 있어서는 셀레늄의 처치에 따른 심혈관계질환 요소와 암과 관련된 위험 요소에 대한 작용에 영향을 미칠 가능성은 있지만 아직까지 그 기능과 관련된 기전 등은 명확히 밝혀진 바가 없다.

③ 급원식품

셀레늄이 풍부한 식품은 굴, 참치, 게, 돼지고기, 새우, 소간, 통밀 빵, 달걀, 오트밀 등이 알려져 있다.

(5) 아연 (Zinc)

아연은 다양한 효소의 기능에 필수적이기 때문에 많은 대사적 기전에 중요한 역할을 한다. 이러한 아연과 관련된 효소들은 젖산탈수소효소 (LDH), 탄산무수화효소 (carbonic anhydrase), 말산탈수소효소 (malate dehydrogenase) 및 과산화물제거효소 (superoxide dismutase, SOD) 등이 있으며, 이러한 아연 관련 효소들은 조직의 치료와 성장에 관여를 한다.

식품으로부터 섭취된 아연은 알부민과 결합하여 뼈와 근육으로 이동하여 가장 많이 저장되며, 나머지는 간, 신장 및 피부와 다른 장기에 저장된다. 한편, 아연은 면역기능 강화를 통한 상처 치료, DNA와 RNA의 합성을 통한 유전자 발현, 다양한 조직의 성장, 호르몬 생산, 단백질 합성 및 뇌의 기능 유지 등 인체에서 일어나는 다양한 생리적 기능에 관여하며, 200가지 이상의 효소계에 작용한다고 알려져 있다.

① 아연과 운동

운동과의 연관성에 있어서 아연은 특히 운동을 하는 동안 탄수화물, 단백질 및 지방 대사와 관련이 있는 다양한 효소들의 한 구성요소로서 작용한다.

운동 후에 나타나는 조직의 손상을 치유하거나 단백질 합성 등에 작용하여 운동 후 회복에 필수적일 뿐만 아니라 인슐린과 상호작용을 하며, 산소의 헤모글로빈 결합력을 증가시킨다. 그러나 아연의 처치가 이론적인 부분들에 의해 운동능력의 향상에 기여할 것으로 생각되지만 일반적으로 아연의 보충은 필수적이지 않다.

실제로 몇몇 연구에서 아연 처치에 따른 선수들의 운동 능력에 대해 평가한 결과, 아연의 보충에 따른 VO_2max, 심박수, 혈중 젖산농도, 운동자각도나 탈진 시간 등에 유의한 차이가 나타나지 않았다고 보고하였다. 또한 운동의 강도, 시간 및 방법에 따라 아연의 농도를 측정한 결과 운동 후 아연의 농도 감소가 나타났지만 30분 후 다시 회복 되었거나 변화가 나타나지 않았다는 연구도 보고되고 있다.

따라서 아연의 섭취량이 적거나 체내에 저장되어 있는 양이 낮다면 추가적인 처치에 의해 건강이나 신체활동 능력의 향상에 효과가 있을 것이다. 그러나 일반적으로 영양학적으로 잘 맞춰진 식품을 섭취하는 선수에게 아연의 추가적인 처치에 따른 운동능력 향상의 효과는 나타나지 않으며, 오히려 과도한 처치에 따른 철과 구리의 체내 흡수를 감소시키는 등의 독성작용을 나타날 수 있으므로 섭취에 주의가 필요하다.

표 7-12. 아연의 연령별 영양섭취 기준표

	영아(month)		어린이(yr)		남성(yr)		여성(yr)		임산부	수유부
아연 (mg/day)	0-6	2	1-3	3	14-18	11	14-18	9	11	12
			4-8	5	19-50	11	19-50	8		
	7-12	3	9-13	8	50<	11	50<	8		

② 결핍 시 문제점

일반적으로 충분한 칼로리를 섭취하는 사람들에게서는 잘 나타나지 않지만 칼로리 제한식이나 영양학적으로 부족한 채식위주의 식단에 의해 아연 결핍이 나타날 수 있다.

또한 영·유아기처럼 성장과 발달이 빠르게 일어나는 시기에는 요구량이 늘어나지만 섭취량 부족과 소화기능 저하에 따른 아연결핍 증상이 나타날 수 있으며, 당뇨병 환자에서도 소변으로의 아연 배출이 증가되기 때문에 주의를 할 필요가 있다.

아연 결핍에 따른 증상들은 면역기능 이상, 식욕저하, 설사, 피부염, 남성 호르몬(testosterone) 감소 등의 증상이 나타날 수 있다.

③ 급원식품

아연이 풍부한 식품으로서는 굴, 구운 소고기 및 양고기, 돼지고기, 닭고기, 콩류, 버섯, 시금치, 호박씨, 견과류 등이 알려져 있다.

표 7-13에 미량 무기질의 종류에 따른 기능, 급원식품, 결핍증, 과잉증 등에 대하여 요약하여 나타내었다.

표 7-13. 미량 무기질의 종류에 따른 특징

종류	기능	급원식품	결핍증	과잉증
철분	Hb 및 Mb의 성분, 조혈작용, 효소의 구성성분, 면역기능	육류 및 어패류, 가금류, 콩 및 씨리얼, 녹색채소	철결핍성 빈혈, 체내 철분량 감소	혈색소증
아연	효소의 구성성분(200개), 핵산 합성, 면역 기능, 생체막 구조	패류(굴, 게), 육류, 우유, 요거트	성장지연, 왜소증, 식욕부진, 상처회복 지연, 미각 및 후각 감퇴	철분 및 구리 흡수 저하, 면역기능 저하, 구토, HDL 감소
구리	철분의 흡수 이용에 도움, 금속계 효소의 성분, 결합조직 건강 유지	육류(간, 내장), 패류(굴, 가재), 배아	빈혈증, 골소실, 성장장애, 심질환	복통, 오심, 구토, 혼수, 간질환
요오드	갑상선 호르몬 성분 및 합성	해조류(미역, 김 등), 해산물	갑상선 기능부전증, 갑상선종, 크레틴증	갑상선 기능항진증
불소	충치 예방 및 억제, 골다공증 예방	해조류, 어류, 자연수	충치유발, 골다공증	불소증, 위장장애, 치아반점
망간	금속계 효소 구성, 뼈와 연골조직 형성	견과류, 귀리, 전곡류	체중감소, 성장장애, 당질 및 지질 대사 이상	신경근육계 이상(파킨슨병과 유사)
셀레늄	항산화 작용, GPx의 성분	새우, 패류, 어류, 견과류	근육약화, 성장장애, 심근장애, 심기능장애	구토, 설사, 혼수, 피부 및 신경계 손상
크롬	당내성 인자의 성분	달걀. 간, 전곡.견과류	성장지연, 콜레스테롤 및 지질대사 이상	피부염, 기관지암
몰리브덴	효소의 구성성분 (Xanthine계 효소)	전곡, 밀배아. 견과류, 우유	불분명함	잘 알려져 있지 않음

Memo

Memo

Memo

제 8장. 수분과 운동

1. 수분과 전해질

1) 체내 수분의 역할

대부분의 사람들이 생리활성에 도움을 주는 강력한 영양소는 단백질, 크레아틴 혹은 탄수화물이라고 생각하고 있으며 수분은 우리 인체에서 에너지를 제공하는 영양소가 아니기 때문에 수분의 중요성을 간과하기 쉽다. 그러나 체내의 산-염기 평형 조절, 체액조절, 체온조절, 화학 반응 조절 등 다양한 기능을 수행하여 생명을 유지하기 위해 중요한 역할을 담당하고 있다.

- 물은 체내의 산염기 평형 유지를 위해 필수적인 역할을 한다. 인체는 평소 pH 7.4의 약 염기성을 유지하지만 고강도의 운동을 시작하면 젖산 축적이 일어나며, 젖산을 분해하고 헤모글로빈을 운반하기 위해 수분이 필요하다.
- 물은 체내 체액조절을 위해 필수적인 역할을 한다. 혈액의 주성분은 수분이며, 수분은 혈액의 총량을 조절하여 혈압과 심혈관계 기능에 영향을 미치므로 운동수행력에 직접적으로 작용할 수 있다.
- 물은 체온조절을 위해 필수적인 역할을 한다. 체온이 상승하면 땀샘을 통해 피부조직 밖으로 땀 배출이 되는데 이렇게 배출된 땀이 증발을 통해 열의 발산이 이루어지고 체온이 낮아져 체온조절이 이루어진다.
- 물은 체내 화학 반응 조절에 필수적인 역할을 한다. 세포의 구조를 유지

하며, 전체 수분의 1/3을 차지하는 혈장은 체내 영양소, 호르몬, 면역세포 및 산소를 수송하고 에너지 대사의 부산물인 이산화탄소, 젖산 그리고 암모니아와 같은 물질들을 제거하기 위한 수단으로서 필요하다.

인체의 약 60%는 수분으로 이루어져 있으며, 그 중 약 2/3는 세포내액 (intracellular fluid)으로서 세포내에 존재한다. 특히 근조직은 운동을 수행하기 위해 중요한 기관이므로 수분의 역할은 필수적이며, 세포내액에 약 70~75%가 분포하고 있다. 그리고 나머지 1/3의 수분은 세포외액 (extracellular fluid)으로 존재하며 대부분 세포간질액 (interstitial fluid, 15%), 혈장 (5%) 등에 존재한다. 이러한 세포내 수분과 세포외 수분의 농도는 조직의 특성에 따라 다양하다 (그림 8-1).

특히 많은 양의 단백질로 구성되어 있는 근육은 인체에서 가장 많은 부분을 차지하고 있으며 근육에 저장되어 있는 수분의 양은 지방의 구성성분인 지방세포에 비해 월등히 많다. 또한 간과 근육에 저장되어 있는 글리코겐은 글리코겐 1g당 3g의 수분을 저장하고 있기 때문에 운동을 하는 동안 탈수를 예방하기 위해 글리코겐을 분해하여 수분을 방출한다.

또한 나트륨, 칼륨, 칼슘 및 염소와 같은 미네랄은 세포내외의 전해질 농도 균형을 조절하여 탈수와 과다수분 보충으로부터 일어나는 건강상의 이상을 예방한다. 인체에 저장되어 있는 수분의 양은 일반적으로 평균 70kg인 남성의 경우 약 42L의 수분이 분포하고 있으며 여성은 신체 사이즈와 신체구성에 따라 남성보다 적은 양이 분포한다.

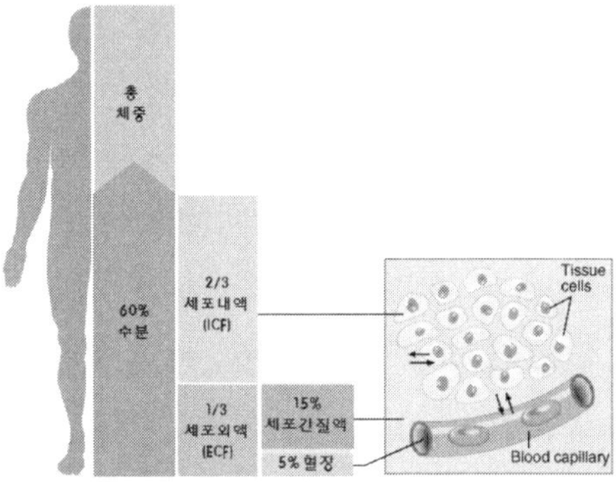

그림 8-1. 체내 수분의 분포

2) 수분과 체온조절

일반적으로 고온 환경에서 운동을 실시할 경우 다양한 생리적 변화들이 나타나기 시작하는데 땀의 배출은 누구나 경험하는 현상이다. 이러한 땀의 배출은 체온의 유지와 밀접한 관련이 있다.

인체는 운동을 시작하게 되면 안정 시에 비해 신체 활동량이 증가하면서 그와 비례하여 에너지 생산량도 증가하고 열의 생산도 많아진다. 그리고 안정 시에 비해 심박출량 또한 증가하게 된다. 이것은 활동근으로의 산소공급과 에너지 공급을 위해 증가하기 때문인데 고강도의 운동을 하게 되면 안정 시에 비해 열 생산량은 약 400%에 가까운 증가를 보인다고 한다.

앞서 설명한 바와 같이 수분은 혈액의 많은 부분을 차지하고 있다. 따라서 고온 환경에서의 운동은 땀을 통한 수분의 손실을 증가시켜 혈액 농축을 통한 혈류의 흐름을 방해하며, 에너지 대사에서 보다 많은 양의 탄수화물을 에너지로 사용하도록 하여 인체에 생리적으로 부담을 주게 되고 결과적으로 운동 수행력을 감소시킬 수 있다.

그리고 인체는 고온이나 높은 습도에 노출되어 운동을 할 때 땀을 흘리게 되는데 땀의 증발 (evaporation)을 통한 열의 발산뿐만 아니라 운동이 끝난 후에는 대류 (convection), 복사 (radiation) 및 전도 (conduction)과정을 통해 체온을 유지하게 된다.

3) 운동과 수분

보통 수분은 다양한 종류로 보충된다. 일반적으로 약 60%는 액체의 형태로 섭취되며, 약 30%는 야채, 과일 그리고 다른 식품으로부터 섭취된다. 또한 나머지 10%는 탄수화물, 단백질 및 지질을 이용한 에너지 대사를 통해 이산화탄소와 물로 분해되는 세포대사를 통해 형성되는데 이 양은 보통 인체가 필요한 만큼의 양을 만들어내지는 못하므로 반드시 섭취에 의해 수분을 보충해야 한다. 표 8-1에서 연령별 수분섭취 기준을 나타내었다.

표 8-1. 연령별 수분섭취 기준

나이 및 성별		음식	음료	총 섭취량(L/day)
4-8세	남성	0.5	1.2	1.7
	여성	0.5	1.2	1.7
9-13세	남성	0.6	1.8	2.4
	여성	0.5	1.6	2.1
14-18세	남성	0.7	2.6	3.3
	여성	0.5	1.8	2.3
19세<	남성	0.7	3.0	3.7
	여성	0.5	2.2	2.7

출처: Institute of Medicine. Dietary reference intake : water, sodium, chloride, potassium and sulfate. Washington, DC: National Academy Press; 2004.

한편, 고온에서의 신체활동에 따른 체온 상승을 통해 분비되는 땀은 다양한 생리적인 반응을 통해 생성된 열을 체외로 발산하게 되는데 고온에서의 지속적인 운동은 체온조절에 대한 항상성 기전을 변화시켜 체온조절 능력이 저하된다.

또한 운동 시에는 많은 양의 에너지와 산소가 필요하므로 혈액은 주로 운동을 수행하는 골격근으로 혈류량이 증가하지만, 고온에 노출 시에는 체내에서 생성된 열을 외부로 발산하기 위해 골격근으로의 혈류량을 줄이고 피부로의 혈류량을 늘리는 혈류재분배의 반응을 일으키게 된다. 이러한 혈류재분배 현상은 심장으로의 정맥회귀율을 저하시켜 1회 심박출량을 감소시키며, 이것을 보상하기 위해 심박수를 상승시켜 심장의 부하를 상승시킨다. 따라서 심장의 부하 상승과 근육으로의 산소와 에너지 공급량이 줄어들어 운동수행력이 감소할 수 있다.

한편, 운동선수뿐만 아니라 일반인들에게도 가장 주된 수분의 손실은 땀과 소변의 배출 및 호흡에 의해서 일어난다. 특히 운동 중에는 앞서 설명한 바와 같이 체온 조절을 위해 수분 소실이 상당량 일어나게 된다.

한 연구에 따르면 보통 시간당 0.8-1.4L의 수분이 소실되는 것으로 보고하였으며, 운동선수는 약 1-2L의 수분 소실이 일어난다고 하였다. 또한 이러한 땀에 의한 수분 소실은 기후에 따라서 다르게 나타나는 것으로 보고하였다 (그림 8-2).

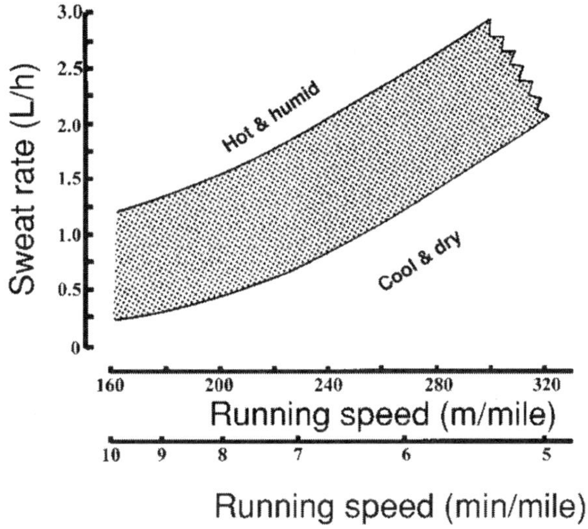

그림 8-2. 달리기 스피드에 따른 땀의 배출량 (Sawka et al, 1990)

땀에는 다양한 종류의 유기물과 무기물이 포함되어 있는데 땀 속의 전해질의 농도는 혈장과 세포내액의 전해질 농도와 비교하여 표 8-2에 나타내었다.

표 8-2. 땀과, 혈장, 세포내액의 주요전해질 농도 (mmol/L)

전해질	땀	혈장	세포내액 (근육)
나트륨	20-80	130-155	10
칼륨	4-8	3.2-5.5	150
칼슘	0-1	2.1-2.9	0
마그네슘	<2.0	0.7-1.5	15
염화물	20-60	96-110	8
탄산수소염	0-35	23-28	10
인	0.1-0.2	0.7-1.6	65
황산염	0.1-0.2	0.3-0.9	10

4) 전해질 (Electrolyte)

전해질은 보통 용매에 녹였을 때 양이온과 음이온으로 무질서하게 해리되며, 그 용액 속에 전극을 넣고 전압을 가하면 양이온은 음극으로, 음이온은 양극으로 끌리게 되는데 이러한 전기적 극성을 나타내는 분자를 전해질이라 한다 (표 8-3). 이러한 전해질은 체내 구성 중 4% 비반이시반 그 역할은 삼투압 유지, 수분대사, 혈액의 산-염기 평형유지, 근 수축 조절, 신경의 전달을 위해 신경막 주위에 적절한 전위차 유지 및 체내의 여러 체액이 들어있는 구획 속에 들어 있으면서 체액의 교환을 조절하기 위해 필수적이며 적절한 농도를 유지해야만 한다.

표 8-3. 생물학적으로 중요한 이온의 종류

무기 이온명	원소기호	전하
나트륨 (sodium)	Na^{+}	1+
칼륨 (potassium)	K^{+}	1+
수소 (hydrate)	H^{+}	1+
마그네슘 (magnesium)	Mg^{2+}	2+
칼슘 (calcium)	Ca^{2+}	2+
철 (iron)	Fe^{2+}/ Fe^{3+}	2+/ 3+
암모늄 (ammonium)	NH_4^{+}	1+
염소 (chloride)	Cl^{-}	1−
요오드 (iodine)	I^{-}	1−
탄산염 (carbonate)	CO_3^{2-}	2−
중탄산염 (bicarbonate)	HCO_3^{-}	1−
인산염 (phosphate)	PCO_4^{3-}	3−
아세트산염 (acetate)	CH_3COO^{-}	1−
황산염 (sulphate)	SO_4^{2-}	2−
수산화물 (hydroxide)	OH^{-}	1−
질산염 (nitrate)	NO_3^{-}	1−
아질산염 (nitrite)	NO_2^{-}	1−

출처: 운동영양학, 한미의학, 서울

5) 체내 주요 전해질의 분포와 역할

체액은 세포외액과 세포내액으로 크게 구별되는데 Na^+이 세포외액에서 발견되는 주요 양이온이며, K^+과 Mg^{2+}도 소량 발견되며, 주요 음이온으로 Cl^-와 HCO_3^-가 존재하는데 HPO_4^{2-}도 소량 함유되어 있다. 또한 세포내액에서는 K^+와 Mg^{2+}가 주요 양이온으로 발견되며, Na^+가 소량 함유되어 있으며, HPO_4^{2-}가 주요 음이온으로 발견된다.

한편, 전해질은 이온통로 (ion channel)라 불리는 세포막을 관통하는 통로를 통해 세포막 내·외의 이온들의 농도 차에 의해 이온들이 세포내액, 간질액 및 세포외액 사이를 이동하며 전기신호를 발생시키고 신경흥분 등 많은 신호전달에 관여하여 다양한 생리학적 혹은 생화학적 반응들을 일으킨다.

예를 들어 근 수축은 칼슘, 나트륨 및 칼륨을 필요로 한다. 따라서 이러한 전해질들은 근육의 수축과 이완을 위해 근육 세포의 내·외에 적절한 균형을 유지해야 하며, 전해질 불균형은 체내의 전기적 전도의 이상과 근 경련 등을 일으킬 수 있다. 다음은 다양한 주요 전해질들의 역할에 대해 기술하고 있다.

- 나트륨은 양이온이며 주로 세포외액에 존재한다. 세포외액에 존재하는 음이온인 염소와 함께 세포막을 통해 전기적 자극과 혈액을 포함한 체내 수분 평형의 조절에 관여하고 있다. 운동을 하는 동안에는 많은 양의 나트륨이 땀으로 배출됨으로 해서 혈액량이 감소되고 혈중 나트륨과 염소의 농도가 증가하게 된다. 이러한 현상을 통해 혈중 전해질의 농도 상승은 갈증중추 (thirst center)를 자극하여 갈증을 느끼게 된다. 체내에서 나트륨의 역할은 갈증과 근 수축, 신경 자극 전도, 에너지생산, 조직성장과 치료 등에 관여를 하고 있다.
- 칼륨은 세포내에서 발견되는 대표적인 양이온으로 글리코겐과 함께 근섬유에 저장되어 있으며, 근세포로의 포도당 수송에 중추적인 역할을 담당하고 있다. 또한, 칼륨은 나트륨, 염소와 함께 상호작용하여 체액과 전해질 균형을 조절하고 신경의 전도, 삼투압 조절, 골격근, 심장 및 평활근의 수축을 돕는다.

• 칼슘의 주된 저장고는 골격계이다. 칼슘은 치아와 뼈의 주요 구성성분 중의 하나이지만, 근육의 수축과 이완, 신경전도, 호르몬 분비 및 혈액 응고를 위해 필요하다. 또한, 근육과 간장의 글리코겐 합성과 분해를 위해서 중추적인 역할을 한다.

• 마그네슘은 체내의 모든 세포에서 발견되는데, 연조직, 근육 및 뼈 등에서 그 농도가 가장 높다. 마그네슘은 신경전도, 근육수축 및 ATP와 같은 에너지 생산에 관여한다.

2. 운동과 전해질

체내 수분 균형의 유지는 운동을 실시하는 동안 세포의 대사과정을 활성화시켜줌으로써 신체기능을 유지시켜 주기 때문에 매우 중요한 요소로 작용한다. 특히, 고온에서의 운동은 체온 유지를 위해 땀이 배출 되는데 이때 많은 양의 전해질도 같이 소실되며, 이는 운동능력과도 밀접한 관련이 있다.

또한 운동을 하는 동안 전해질 소실은 신체 사이즈, 운동의 강도, 주위 온도, 습도, 착용한 운동복 및 적응수준에 따라 다양한 요인에 의해 영향을 받는다. 땀은 수분 이외에 Na^+, K^+, Cl^- 등과 같은 전해질을 함유하고 있으며, 세포외액과 세포내액의 전해질 평형은 능동적 확산 (Na^+-K^+ pump)을 통해 조절되지만, 운동에 의한 수분 소실은 전해질 불균형을 초래한다.

보통 운동을 하는 동안 땀에 의해 소실되는 전해질 중 Na^+은 앞서 설명한 바와 같이 20-80mmol/L이며, K^+은 4-8mmol/L, Cl^-는 20-60mmol/L이다. 이러한 전해질의 소실은 결국 1) 혈액 농축 2) 혈액량 감소 3) 근육으로의 혈류감소에 따른 산소공급 부족, 4) 근수축 감소 등 운동 시 다양한 생리적 변화를 초래하며, 운동 중 에너지원인 글리코겐 이용도 제한하게 된다.

따라서 운동선수들은 운동 중 간장과 근육에 글리코겐 보충, 전해질 소실 보충, 탈수와 관계된 위험성 예방을 목적으로 전해질 음료와 함께 탄수화물 혼합 음료를 섭취하고 있으며, 탈수예방 및 에너지보충을 위한 적절한 섭취 방법이 고려되어야 한다.

1) 운동 전 전해질 보충

운동을 시작하기 전 적절한 수분공급은 운동능력을 최상으로 만들어주는 역할을 한다. 따라서 경기 전이나 운동을 실시하기 전 적절한 수분을 섭취하지 않을 경우 피로를 쉽게 느끼며, 체온의 급격한 상승, 심박수 증가, 운동 수행력 저하 등의 생리적 변화를 초래할 수 있다.

그러나 이러한 변화에 대해 민감하게 생각하여 너무 과도한 수분을 섭취하는 것은 경기 중 빈번한 배뇨에 의해 경기에 지장을 줄 수 있으며, 저나트륨혈증(hyponatremia)과 같은 증상을 나타낼 수 있어 오히려 경기력에 악영향을 미칠 수 있다. 따라서 운동을 실시하기 전 1) 최상의 수분 공급, 2) 적절한 수분상태의 파악 3) 적정 수분량 유지 4) 적절한 수분의 종류 선택 5) 경기 중 수분 섭취 시기 등을 고려한 수분 보충 방법을 생각해야 한다.

운동을 시작하기 24시간 전에는 적당한 양의 수분을 섭취하는 것이 좋으며, 충분한 수분의 섭취는 운동을 시작하기 전 수분공급이 원활한 상태에서 시작을 할 수 있도록 도움을 준다. 특히 운동 시작에 앞서 약 1-2시간 전의 수분의 섭취는 운동 중 원활한 체온 조절과 심박수를 낮춰주는 역할을 할 수 있다.

따라서 ACSM (American College of Sports Medicine)에서는 운동 시작 2-3시간 전 400-600ml를 섭취하고, 운동 시작 10-20분 전 200-300ml를 섭취하도록 권고하고 있다. 보통 섭취하는 음료는 전해질 균형이 잘 맞춰진 전해질 보충 음료 즉 스포츠 드링크를 섭취하는 것으로 생각할 수 있지만 운동 전 수분 섭취는 보다 더 운동 영양학적으로 조화를 이룬 음료를 섭취하는 것에 초점을 맞추어야 한다.

따라서 운동 전에는 글리코겐을 저장하여 운동 중 사용할 수 있도록 탄수화물뿐만 아니라 칼륨, 나트륨 등의 전해질이 복합적으로 들어 있는 100% 생과일 음료 혹은 채소 주스를 섭취하는 것이 좋다.

그러나 고과당 (high-fructose)이 들어 있는 음료는 위에 부담을 줄 수 있으므로 피해야 한다. 또한 운동 전 저단백 식사는 영양소의 흡수를 지연시키기 때문에 우유는 운동시작 전 탄수화물과 단백질의 공급원으로서 좋은 음료가 될 수 있다. 그러나 우유는 유당 분해효소 (lactase)의 부족에 의한 소화흡수에 문제를 일으켜 위장 장애 혹은 설사를 동반 할 수 있으므로 섭취에 주의가 필요하다. 마지막으로 만약 탄수화물과 전해질의 공급이 원활한 음식을 섭취하고 있다면 물 또한 좋은 공급원이 될 수 있다.

2) 운동 중 전해질 보충

운동을 실시하고 있는 중에 수분공급의 주된 목적은 혈장량과 전해질 균형을 유지하는 것이다. 체수분 부족에 의한 체온과 심박수의 상승은 운동을 실시하는 동안 잠재적인 건강 문제를 일으킬 수 있으며, 피로 발생과도 관계가 있는 데 체중의 2-3%의 수분 손실만으로도 일사병에 노출될 위험성이 커지고 심박출량의 감소에 의한 운동능력의 저하를 초래할 수 있기 때문에 최상의 수분공급이 필요하다. 또한, 이러한 2-3%의 수분 손실은 트레이닝이나 경기 중 비교적 쉽게 나타날 수 있으므로 주의가 필요하다.

따라서 ACSM에서는 수분 감소에 의한 체중 감소 비율이 2% 이내를 유지하기 위해 소변과 땀으로 배출되는 수분의 양을 고려하여 수분을 섭취할 것을 목표로 하고 있다. 따라서 이러한 목표에 도달하기 위해 운동을 실시하는 동안 매 10-20분마다 200-300ml의 수분을 섭취할 것을 권고하고 있다. 그러나 이러한 수분 섭취량은 운동을 실시하는 선수들의 땀 배출량 등 다른 요인들을 충분히 고려하여 결정하여야 한다.

운동을 실시하는 동안의 수분 보충은 운동 능력을 향상시키기 위해 영양소, 비타민 그리고 미네랄이 복합적으로 들어있는 음료를 섭취하는 것이 좋다. 일반적으로 운동을 실시하는 동안 단순한 수분 섭취의 목적이 아닌 운동 능력을 향상시키기 위한 목적으로 음료를 섭취해야하므로 탄수화물도 포함되어 있는 음료를 섭취하는 것이 좋다.

선행연구에 따르면 단순히 물만 섭취하는 경우 탄수화물이 포함되어 있는 음료를 섭취하는 선수보다 운동 능력이 떨어지는 것으로 보고하였다. 그러나 과도한 탄수화물의 섭취는 운동 중 역삼투효과 (reverse osmotic effect)에 의해 위 배출 (gastric empting)과 장 흡수율을 감소시켜 위장 장애를 일으킬 수 있으므로 음료에 함유되어 있는 탄수화물 농도는 8%/L를 초과하지 않도록 하는 것이 좋다. 따라서 운동을 하는 동안 위장 장애를 예방하며 운동능력을 유지하기 위해서는 음료에 포함되어 섭취되는 탄수화물의 양은 시간 당 약 60-70g (6-8%/L) 정도가 적당하며, 분당으로는 1.0-1.1g이 적당하다.

한편, 땀의 주요 구성 전해질은 Na^+, Cl^-, K^+, Mg^{2+}와 Ca^{2+} 이지만 운동을 통해 땀과

함께 소실되는 주요 전해질은 Na^+과 Cl^-이다. 일반적으로 운동시간이 3-4시간 이하라면 이러한 전해질의 소실은 크지 않기 때문에 비교적 섭취량이 적어도 관계가 없으나 4시간 이상의 운동을 실시한다면 Na^+와 Cl^-의 손실이 점차적으로 증가하여 혈중 나트륨 농도를 감소시켜 저나트륨혈증 (hyponatremia)을 유발할 수 있다.

그러나 만약 운동 전 저염식 식사를 하고 있던 사람이라면 NATA (National Athletic Trainers´ Association)에서는 0.3-0.7g/L의 Na^+가 포함된 음료를 섭취할 것을 권고하고 있으며, 포도당과 전해질이 함께 포함되어 있는 음료를 VO_2max의 70% 수준에서 사이클 운동을 하는 선수들에게 매 10분마다 4% 포도당-전해질 음료를 처치한 결과 운동능력이 향상되었다고 보고한 연구가 있다.

3) 운동 후 전해질 보충

운동 후에 전해질과 수분의 손실을 보충해주는 것은 반복적인 운동을 실시할 수 있는 운동능력을 유지하는 데에 매우 중요한 부분이다. 수분 보충의 필요성은 운동을 실시하는 동안 발생한 손실 정도에 따라 다를 것이다.

더운 환경에서는 운동을 실시하지 않아도 수분소실이 증가하기 때문이다. 운동 후에 수분 보충을 위해 고려해야할 제일 첫 번째 사항은 섭취해야 할 음료의 양과 구성성분이다. 운동이 끝난 후에 일반적인 물은 빠르고 완벽한 수분 균형 회복이 필요할 때 수분 보충음료로서는 적절하지 않다. 이는 운동 후 즉시 섭취되는 물이 이뇨작용과 함께 혈장 나트륨 농도와 혈장 삼투 농도를 급격하게 떨어트려 소변배출을 자극하여 수분보충 과정을 지연시키기 때문이다. 그러나 적절한 전해질이 포함되어 있는 음료의 섭취는 소변배출을 감소시키고 수분 균형을 운동 전 수준에 가깝게 할 수 있도록 도움을 준다.

따라서 운동 후에는 일반 물을 섭취하는 것보다 물과 함께 Na^+과 탄수화물이 적절히 포함되어 있는 음료를 마실 경우 근 글리코겐, 전해질 균형이 보다 순조롭게 회복될 수 있다. 또한 Na^+은 체액 저류를 높이며 음료를 마시도록 유도하며, 탄수화물은 물과 나트륨의 장 흡수율을 증가시키기 때문에 이러한 음료의 섭취는 수분 보충의 목적뿐만 아니라 전해질과 글리코겐 보충에도 매우 유익할 것이다.

한편, 수분 보충은 땀의 손실 정도에 맞춰 100-150% 정도 섭취하는 것이 좋다. 이는 신장에서 지속적으로 소변을 배출하기 때문에 총 수분 소실은 증가한다. 따라서 운동이 종료된 후 2시간 내에 소실된 체중 당 약 1,000-1,500ml의 수분이 섭취되어야 한다.

특히, 하루에 다양한 종류의 운동을 실시하였다면 수분 보충은 회복을 보다 빠르게 하기 위해 가능한 한 빠른 시간 내에 천천히 그리고 지속적으로 섭취하는 것이 좋다. 그러나 음료를 섭취하는 방법에 있어서 너무 빠른 속도로 많은 양을 섭취할 경우 저나트륨혈증을 유발할 수 있으므로 주의가 필요하다. 다음은 수분 보충을 위한 섭취 권장 사항을 표 8-4에 나타내었다.

표 8-4. 운동 전 · 후의 수분섭취 권장량

<table>
<tr><th></th><th colspan="2">권장섭취량</th><th>운동 2~3시간 전</th><th>운동 15~20분 전</th><th>운동 중</th><th>운동 후</th></tr>
<tr><td rowspan="2">섭취량</td><td>남성</td><td>3.7L /day</td><td rowspan="2">약 480-570ml</td><td rowspan="2">약 200-280ml</td><td rowspan="2">약 200-280ml (매 10-20분)</td><td rowspan="2">2시간 내 1-1.5L</td></tr>
<tr><td>여성</td><td>2.7L /day</td></tr>
<tr><td>섭취 종류</td><td colspan="2">물, 100% 주스, 우유 등</td><td>물
스포츠 음료
주스</td><td>물
스포츠 음료</td><td>선호하는
스포츠 음료</td><td>물, 스포츠 음료, 주스, 우유 등</td></tr>
</table>

Memo

Memo

제 9장. 천연물과 운동

최근 들어 스포츠과학의 발달과 함께 전 세계적으로 운동능력을 향상시킬 수 있는 다양한 종류의 스포츠영양보조물질의 개발이 활발히 진행되고 있다. 그러나 대부분의 스포츠영양보조물질이 전해질, 탄수화물, 단백질 등을 주원료로 하거나 화학적 합성을 이용하여 만들어진 운동능력향상 보조물로서 최근까지 많이 사용되고 있다. 그러나 이러한 화학적 합성물질들은 부작용 문제나 도핑 테스트 (Doping test)에 대한 문제들이 부각되면서 오래전부터 민간약용으로 사용되어온 자생식물들에 대한 관심과 이를 이용한 스포츠영양보조물질 개발의 중요성이 대두되고 있지만 자생식물을 이용한 스포츠영양학적 보조물질의 개발은 아직도 초기단계라고 할 수 있다.

자생식물 (wild plant)은 좁은 의미로는 일정한 지역에서 원래부터 자생하고 있던 토착식물을 뜻하며, 넓은 의미로는 일정 지역에서 사람의 보호를 받지 않고 자연 상태 그대로 자라는 식물을 뜻한다.

국내에서 자생하고 있는 자생식물은 현재까지 약 4,600 여종이 있는 것으로 한 연구에서 보고되었으며, 이 중 1,100 여종은 식용으로 사용이 가능하며, 약용으로는 940 여종 정도가 사용되고 있다. 자생식물의 생리·약리적 효과는 다양한 질병의 예방 및 개선뿐만 아니라 항산화능력 향상 등에 대해서는 많은 연구가 이루어져 왔으며 이를 운동능력 향상 측면에서 인체에 미치는 효과에 대하여 앞으로 많은 연구가 필요할 것이다.

최근까지 인삼, 홍삼, 가시오가피, 상황버섯, 천년초 (손바닥선인장) 등 다양한 자생식물들이 스포츠영양학적인 측면에서 안전하게 운동수행력을 향상시킬 수 있는 적합한 영양보조물질로서 기여하는 바가 크다는 연구가 보고되고 있다. 따라서 이 장에서는 스포츠영양학적인 측면에서 현재까지 알려져 있는 천연물의 운동능력의 향상과 피로회복 효과에 대하여논하기로 한다.

1. 인삼과 운동

옛날부터 인삼은 동양에서 사용되어오던 약용식물로 인체에 다양한 효능을 발휘하는 것으로 알려져 있으며, 생리학, 생화학, 약리학 및 병리학적으로 많은 연구들이 진행되고 있다. 인삼의 주요 성분인 진세노사이드는 크게 4가지로 분류할 수 있으며, 프로토파낙시디올 (protopanaxdiol: ginsenoside-Rb_1, -Rb_2, -Rc, Rd, Rg_2), 프로토파낙시트리올 (protopanaxtriol: ginsenoside-Rg_1, Re, Rf, Rg_2), 오코티롤(ocotillol), 오리노익산 (oleanolic acid) 등이 있다. 이러한 성분들은 종류별, 생산지별, 부위별, 연근별 및 가공처리방법에 따라 차이가 있으며, 생리활성 또한 약간씩 차이가 있는 것으로 알려져 있다.

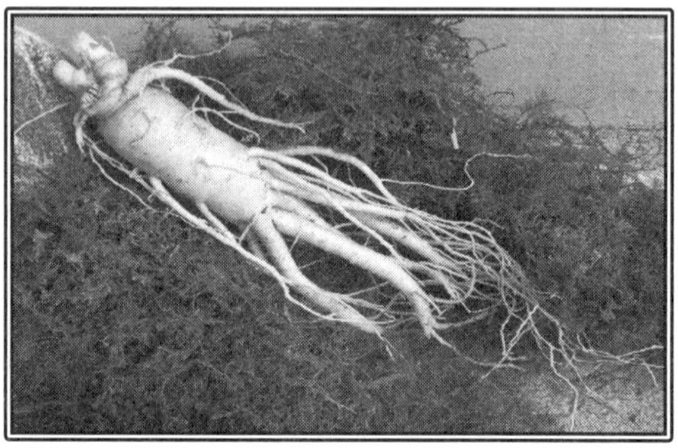

그림 9-1. 운동영양보조물질로서의 인삼

특히 고려인삼은 다른 인삼 종에 비해 많은 사포닌을 함유하고 있으며, 사포닌 성분들의 조성이 균등하다고 알려져 있다. 이러한 인삼은 항노화, 면역계활성, 항암, 항스트레스 및 항산화제로서의 역할을 비롯해 조직보호 효과가 있는 것으로 밝혀지고 있다. 그러나 아직까지 인삼 사포닌 성분을 통한 생리적 활성에 대한 기전은 많은 부분에서 명확히 밝혀지지 않고 있다.

인삼의 보충 섭취에 따른 운동수행력, 항 피로 및 피로회복 등 운동과 관련된 다양한 연구결과 들이 보고되고 있다. 실험동물을 대상으로 한 연구에서는 인삼의 처치가 수영운동, 트레드밀 달리기 등을 통해 실시한 탈진 운동에서 운동 시간을 유의하게 증가시켰다고 보고하였다. 또한, 다른 연구에서는 VO_2max의 70% 수준에서 운동을 실시하며 인삼을 섭취한 결과 혈장 유리지방산 농도, 간 및 근육의 글리코겐 농도가 증가하였으며 혈당이 유지되는 것으로 나타났다.

이러한 결과는 에너지 항상성에 의해 운동 능력이 상승하였으며 인삼의 사포닌 성분 중 Rg_1, Rb_1이 주요 성분으로 작용하였다고 보고하였다. 그러나 이러한 결과와 상반된 결과도 보고되고 있다. 인간을 대상으로 한 연구에서는 8주간의 인삼 처치에 따른 운동 능력향상에 아무런 효과가 없는 것으로 보고하였는데, 이러한 결과는 산소섭취량, RER, 분당환기량, 혈중 젖산 농도, 심박수 및 운동자각도 (rating of perceived exertion: RPE) 등 어떠한 결과에서도 변화를 나타내지 않았다고 보고하였다.

또한 이외에도 많은 연구에서 인삼처치에 따른 운동 능력향상에 대한 인삼의 효과는 없는 것으로 보고하였다. 이러한 상반된 결과는 아마도 인삼의 처치방법, 투여량, 기간 등의 차이에서 나타나는 것으로 추측되는데, 항피로 효과와 운동능력향상과 관련된 결과는 단지 인삼의 사포닌 성분 때문만은 아니라는 것이 지배적이다. 왜냐하면 인삼에 함유되어 있는 다당체 또한 항피로 효과에 중요한 요소로서 작용하기 때문이다.

2. 홍삼과 운동

홍삼은 우리나라의 대표적인 한약재로서 보혈강장 및 불로장생의 약으로 애용되어 왔으며, 최근에는 단백질과 핵산의 합성 촉진, 조혈작용, 운동수행력 증대, 항 피로 등의 효과가 알려져 있다.

그림 9-2. 운동영양보조물질로서의 홍삼

이중 운동수행력 향상과의 관계에 있어서 홍삼의 처치는 글리코겐의 이용을 억제하고 에너지원으로 지방의 산화를 촉진하여 피로지연과 운동수행력 향상에 효과적이라고 선행연구에서 보고한 바 있다.

홍삼의 주성분은 인삼사포닌 (ginsenoside)이며, 다른 식물에도 존재하는 폴리아세틸렌 (polyacetylene), 핵산염기배당체 (nucleoside), 알카로이드 (alkaloid), 페놀성화합물 (phenolic compound), 다당체 (polysaccharide), 단백질 및 아미노산 등 다양한 성분들이 함유되어 있다. 이러한 성분들 중 일반적으로 인삼과 마찬가지로 진세노사이드-Rb_1, -Rb_2, -Rc, -Rd, -Rg_1 및 -Re가 가장 잘 알려진 성분이다.

운동과 관련된 연구들은 홍삼투여에 따른 중추피로물질인 5-hydroxytryptamine 합성과 tryptophan hydroxylase의 발현이 억제되어 탈진에 이르는 시간이 증가되는 것으로 보고하여 홍삼이 지구성 운동수행능력을 향상시켜줄 수 있는 가능성에 대해 보고한 바 있다.

이러한 홍삼 처치에 의한 지구성 운동수행능력의 향상은 고강도 운동으로 인한 단백질 이화작용을 억제시키며, 진세노사이드-Rb1에 의한 글리코겐 절약효과와 지방 산화를 촉진하는 생리적 기능 때문일 것이다.

또한 운동 후 근 글리코겐 합성을 촉진하고 고강도 운동 시 크레아틴인산의 수준 유지, 혈중 헤모글로빈 농도 증가, 근육 내 미토콘드리아 대사활성의 증가, 지질 과산화 감소를 통한 운동 유발 피로 감소 등 지구성 운동수행능력에 긍정적인 영향을 미쳤기 때문인 것으로 보인다. 이러한 운동 중의 효과는 홍삼의 스트레스로부터 면역체계를 보호하고 젖산 생성량을 감소시킨 결과라고 할 수 있다.

따라서 이러한 기능성에 의해 운동선수 및 일반인들에게도 운동능력 향상을 위한 운동영양보조물질 (ergogenic aid)로서 그 효용성에 대해 가능성을 제시하였다. 그러나 이와는 반대로 홍삼투여에 따른 지구성 운동 시 수행시간 향상에 영향을 미치지 못했다는 결과도 보고되고 있다. 이러한 결과는 다양한 환경적인 요인에 의해 다르게 나타나는데, 일반적으로 실험동물을 대상으로 한 많은 실험들에서 운동능력의 향상에 도움이 되는 것으로 보고하고 있지만 많은 양을 처치하여야 하며, 임상실험을 통한 연구들은 운동 수행력에 있어서 홍삼의 투여가 큰 영향이 없었다고 보고하여 운동 능력이 향상되었다는 연구와 대립이 되고 있어 그 효과에 대해서는 단언하기 힘든 실정이다.

3. 가시오가피와 운동

가시오가피는 식물 분류학상 산형화목 두릅나무과에 속하는 다년생 낙엽 활엽 관목으로"모든 병을 치유하는 가시가 많은 약초"라는 의미를 담고 있다. 따라서 가시오가피에 들어있는 사포닌 성분에 의한 혈당 강하와 과산화물 음이온 (superoxide anion)과 과산화수소 (hydrogen peroxide) 등의 물질 생성을 억제함으로서 면역기능을 강화하는 효과가 있다.

그림 9-3. 운동영양보조물질로서의 가시오가피

가시오가피의 주요성분은 오가피 배당체 (glucoside)인 아칸소사이드 D (Acanthoside D)와 치사노사이드 (Chisanoside)가 있으며, 이러한 주요성분들이 장시간 지구력 증강에 도움을 주는 역할을 하는 것으로 알려져 있다.

이러한 효과는 운동 시 소모되는 에너지 기질인 크레아틴 인산 (creatine phosphate)을 빠르게 재합성시키고, 합성된 크레아틴 인산이 ATP 교환비율을 증가시켜 체내 피로유발 물질제거에 도움을 주는 것으로 밝혀졌기 때문이다.

또한 가시오가피 처치 후 장시간 운동 시 글리코겐과 ATP의 효율적 이용 및 젖산과 초성 포도산의 대사항진에 효과가 있는 것으로 나타나 지구성 운동 능력에 긍정적인 영향을 미칠 가능성을 제시하였다. 실제로 동물 모델을 이용한 많은 연구들에서 탈진 상태까지의 수영 지속시간 증가, 적비복근 (red gastrocnemius)의 모세혈관 밀도와 미토콘드리아 수 증가 등을 보고하였지만, 임상실험에서는 연구자에 따라 상반된 결과를 나타내고 있다.

한 연구에 따르면 20명의 고도로 훈련된 장거리 선수들을 대상으로 최대하운동과 최대 운동을 실시한 결과 달진 시간, 젖산농도, 호흡교환률 (respiratory exchange ratio: RER), 운동자각도 (rating of perceived exertion: RPE) 및 심박수 등 다양한 운동능력 평가에서 가시오가피의 처치에 따른 운동 효과는 없는 것으로 보고하였다.

그러나 인간을 대상으로 800mg/day의 가시오가피를 처치한 또 다른 연구 결과 VO_2max 75% 수준에서의 운동 시간이 증가하였으며, 최대심박수, RPE, RER, VO_2max 등이 증가하였다. 또한 유산소운동을 위한 에너지원으로 이용되는 유리지방산의 혈중 농도가 증가되었는데 이러한 증가는 운동을 하기 위한 에너지원으로 유리지방산이 많이 이용된 것으로 추측가능하다.

아직까지 가시오가피의 처치에 따른 다양한 연구들이 진행되고 있지만 일관된 결과를 도출해내지 못하고 있다. 그러나 많은 연구들에서 가시오가피 처치에 따른 운동능력 향상에 긍정적인 효과가 있는 것으로 보고하여 생리활성을 통한 운동능력 향상 보조물로서 효용성에 대해 고려해 볼 필요성이 있을 것이다.

4. 손바닥선인장과 운동

선인장은 전 세계적으로 약 4,000여종이 존재하고 있으며, 건조한 기후에 적응력이 매우 뛰어난 식물로서 탄수화물과 비타민의 공급원으로 이용되고 있다. 우리나라에서 자생하는 선인장은 여러 종류가 있지만 그 중 천년초는 손바닥선인장이라고도 하며 선인장 (Cactaceae)중에 Opuntia 속에 속하는 다년초 열대성 식물로서 줄기에 열매가 달려있다. 그러나 영하 20℃의 기후에서도 생존이 가능하기 때문에 제주도와 같은 섬에서 재배되는 백년초와는 구별이 된다.

천년초	백년초

그림9-4. 운동영양보조물질로서의 손바닥 선인장

손바닥선인장의 주요성분은 수분을 제외하고 비타민 C, E와 같은 비타민과 칼슘, 마그네슘, 아연, 철 등과 같은 미네랄뿐만 아니라 수용성 식이섬유, 다당류, 폴리페놀류 등이 많이 함유되어 건강기능성 식품으로 최근 들어 주목을 받고 있다.

또한 최근 많은 연구들을 통해 손바닥선인장에는 플라보노이드, quercetin 같은 항산화 물질이 많이 함유되어 있는 것으로 밝혀지면서 항산화 효과, 항염증효과 등 다양한 연구가 이루어지고 있다.

최근에는 손바닥선인장 보충과 운동능력 및 운동 중의 항산화 효과에 대한 연구가 활발히 진행되고 있다.

손바닥선인장에 포함되어 있는 비타민 C는 미토콘드리아 내로 장쇄지방산 사슬을 운반하는 카르니틴을 합성하는데 필요하며, 카테콜라민, 에피네프린, 노르에피네프린을 합성하기 때문에 지방대사 능력의 향상을 포함한 운동능력에 영향을 미칠 수 있다. 또한 마그네슘과 칼슘, 아연, 철 과 같은 풍부한 미네랄이 함유되어 있어 신경 전달, 근수축, 빈혈예방 및 산소의 헤모글로빈 결합력 증대 등을 통해 운동능력을 향상시킬 수 있는 가능성이 있는 것으로 알려져 있다.

생리활성을 통한 운동능력 향상과 관련된 효과를 입증하기 위해 손바닥선인장 처치에 따른 다양한 연구들이 진행 되었으며, 4주간 천년초를 첨가한 식이를 실험동물에게 처치한 결과 유산소 운동 능력의 지표로 활용되는 구연산합성효소 (citrate synthase:

CS)의 활성이 대조군에 비해 유의하게 증가한 것으로 나타났다.

5. 상황버섯과 운동

뽕나무나 활엽수의 고목줄기에서 자생하는 상황버섯 (phelinus linteus)은 비늘버섯(hymenochaetaceae)과 진흙버섯속 (phelinus)에 속하는 백색부 후균으로 다년생 버섯이다. 균모의 지름은 약 10-20cm 이며, 말굽형 또는 둥근 산 모양으로 표면은 회갈색, 회흑색 혹은 흑색이며 고리홈과 가로 세로로 균열이 나있다.

지금까지 밝혀진 상황버섯의 효능은 소화기 계통의 암세포의 증식 저지효과와 간암의 절제 수술 후 화학요법 병용 시 탁월한 면역기능 항진 효과가 있는 것으로 알려져 있다. 이러한 효과는 버섯류에 포함되어 있는 생리활성 물질인 beta-glucan계 다당체(polysaccharide) 혹은 단백결합다당체 (protein bound polysaccharide) 성분 때문이다.

이러한 다당체는 면역세포와 결합하여 면역기능에 긍정적인 영향을 주며, 격렬한 운동 중에 발생할 수 있는 세포 및 조직 손상의 정도를 나타내는 과산화지질(malondialdehyde: MDA)을 감소시키고, SOD와 같은 항산화 효소를 증가시키는 것으로 알려져 있다. 이러한 면역계와 항산화계에 긍정적인 영향을 미친다는 연구들이 밝혀지면서 상황버섯과 관련된 다양한 연구들이 진행되고 있는데, 항산화체계와 면역계의 변화는 운동을 실시하는 동안 급격한 변화를 나타내며, 이러한 변화는 운동능력에 영향을 미칠 가능성이 있다.

한편, 운동에 의한 피로는 대뇌에서 인식하는 중추신경계 피로와 근육 및 신경조직에서 피로물질이 축적되거나 에너지원의 고갈에 의한 말초조직의 피로로 구분된다. 이러한 말초피로는 근육내의 ATP 고갈, 젖산축적, 글리코겐의 고갈 및 근신경계 피로 등이 원인이 될 수 있다.

그림 9-5. 운동영양보조물질로서의 상황버섯

또한, 운동 후의 피로지표로서 사용되는 젖산은 무산소 운동 중에 근세포질에 축적되는 피로물질의 일종으로 운동으로 인해 젖산이 축적되면 채내 산성화가 초래되어 운동 중 당질대사에 관여하여 글리코겐 분해를 촉진시키는 효소인 가인산분해효소 (phosphorylase) 활성이 저해되고, pH 감소, 미오신 ATP가수분해효소 (myosin ATPase)의 활성도 저하 등으로 무산소 운동 시의 에너지원인 포도당 신생이 억제된다. 또한 체내 수소이온의 증가와 pH 저하는 근섬유의 Ca^{+} 결합능력 저하와 함께 근수축을 방해하여 운동 수행력을 감소시킬 수 있다.

따라서 이러한 피로를 해소하기 위해 다양한 방법들이 모색되고 시도되었는데, 많은 연구들을 통해 상황버섯의 스포츠영양학적 측면에서 운동능력향상과 피로회복 효과의 가능성이 제시되고 있다.

운동과 관련된 연구에서 4주간 상황버섯을 경구 투여한 결과 운동 시간이 증가됨과 동시에 혈중의 피로지표인 젖산 농도가 유의하게 감소하여 운동수행능력과 피로회복에 긍정적인 영향을 미쳤다고 보고하고 있다. 또한 20대 남성을 대상으로 상황버섯추출물 음료를 4주간 처치한 결과 최대운동 후 젖산농도가 유의하게 감소하여 운동에 대한 항피로 효과가 있는 것으로 보고한 바 있다.

또한 엘리트 대학 축구선수들을 대상으로 실시한 연구에서도 4주간의 상황버섯 복용은 안정 시, 탈진운동 직후, 회복 10분에서 젖산농도의 유의한 감소효과를 나타내어 상황버섯 처치에 따른 운동에 대한 피로회복 효과에 대한 가능성을 나타내고 있다. 그러나 아직까지 상황버섯과 운동과 관련된 연구는 초기단계이며 추가적인 연구들이 필요한 실정이다.

6. 해양심층수와 운동

해양심층수는 태양광이 도달하지 않는 수심 200m 이상의 깊은 곳에 위치하는 곳에서 생산되는 물을 의미하는 것으로, 연간 수온이 일정한 2℃ 이하의 저온 상태에서 높은 수압에 의해 장기간에 걸쳐 형성된다.

또한 60여 종의 미네랄이 풍부하게 존재할 뿐만 아니라 표층수에 비해 광합성이 적어 유기물의 분해가 많아 영양 성분이 농축되어 있으며, 특히 Mg^{2+}, Ca^{2+}, K^{+} 등과 같은 무기질이 풍부한 것으로 알려져 있다 (표 9-1). 이러한 해양심층수는 현재 우리나라의 동해와 일본에서 가장 많이 생산하고 있다.

표 9-1. 해양심층수에 포함되어 있는 무기 영양소 함량 (mg/L)

성분	일반물	해양심층수 (경도 1,000)
Ca^{2+}	1.2	270.0
Mg^{2+}	0.2	810.8
K^{+}	0.4	268.7
Na^{+}	1.5	264.8
Cl^{-}	2.6	2,147.0
SO_4^{2-}	2.9	1,466.0

출처 : Kang et al, 2011

최근에는 해양심층수에 포함되어 있는 다양한 영양소와 더불어 무기질의 함량이 높아 생리활성과 관련된 그 기능성이 주목을 받고 있는데, 특히 죽상동맥경화증 (atherosclerosis)및 골다공증 (osteoporosis) 예방 및 개선효과, 항고지혈증 (anti-hyperlipidemia), 심혈관계의 혈역학 (cardiovascular haemodynamics) 개선 등 다양한 만성질환의 예방 및 치료에 효과가 있다고 알려져 있다.

또한 해양심층수에 포함되어 있는 무기질 성분들 중에는 운동능력과 관련된 영양소들이 많이 포함되어 있다. 특히, Mg^{2+}은 근신경 기능의 생리적 조절과 근육의 수축, 심장의 흥분, 글리코겐 분해, 세포의 에너지 생산에 관여하는 등 300가지 이상의 효소와 반응하며 조효로서 작용하는 무기질이다.

또한 Ca^{2+}는 근육의 수축기전에 직접적으로 관여하며, K^{+}의 결핍은 심장의 부정맥, 근력저하 및 신경전도의 감소 등을 초래하므로 운동능력에 부정적으로 작용할 수 있다.

따라서 이러한 운동수행력과 관련이 깊은 무기 영양소는 잠재적으로 운동능력을 향상시킬 수 있는 가능성이 크다. 그러나 아직까지 이러한 무기영양소가 많이 포함되어 있는 해양심층수와 관련된 연구는 실험동물을 이용한 연구가 주를 이루고 있다. 한 연구를 보면 실험용 동물을 대상으로 피로도를 조사한 결과 경도가 높은 해양심층수를 처치할수록 운동부하 적응에 따른 운동시간 증가와 젖산 제거 능력이 향상되어 운동 유발성 피로를 개선하는데 효과적인 것으로 보고하였다.

일반적으로 격렬한 운동은 운동에 의한 활성산소 증가로 인하여 운동 유발성 근손상이 나타날 뿐만 아니라 운동에 의한 스트레스 호르몬의 증가도 나타난다. 이러한 근손상 증가에 의한 운동능력 감소는 많은 연구들에 의해 밝혀진 바 있다.

그러나 12명의 건강한 남성을 대상으로 실시한 인체실험에서는 해양심층수를 섭취시킨 결과 해양심층수에 함유되어 있는 다양한 무기 영양소에 의해 항산화 능력이 증가하여 운동 후에 발생할 수 있는 산화스트레스를 효과적으로 감소시킬 수 있으며, 그에 따른 운동 유발성 근손상으로부터 초래할 수 있는 피로를 효과적으로 개선시킬 수 있다고 보고하였다.

Memo

Memo

Memo

제 10장. 운동과 항산화

1. 항산화 시스템

1) 활성산소의 종류와 발생

산소는 인간의 생명유지에 반드시 필요한 물질로서 대기 중에 21%를 차지하고 있으며 인간은 이 산소를 호흡을 통하여 체내에서 이용하고 있다. 이러한 상태의 산소는 안정적인 상태를 유지하고 있으며 기저상태의 산소로서 삼중항 산소 ($^3O_2$)라고 부르고 있다.

안정적인 상태의 $^3O_2$ 에 비하여 수명이 비교적 짧으며 생체 내에서 많은 산화반응에 관여하여 반응성이 풍부한 산소 분자들을 활성산소라고 한다. 활성산소는 '프리라디칼 (free radical)' 혹은 자유기, 유리기라고 불린다.

활성산소의 종류로서는 $^3O_2$에서 한 개의 전자를 환원한 물질을 superoxide ($O_2^{\cdot}$ -), 두 개의 전자를 환원한 형태를 과산화수소 (H_2O_2), 세 개의 전자를 환원한 형태를 hydroxyradical ($HO^{\cdot}$)이라고 부른다.

또한 활성산소에 의해 발생되는 유기화합물의 산화물이나 지질과산화물 (malondialdehyde)이 있으며 활성질소종인 NO 등도 넓은 의미의 활성산소종에 포함된다.

호흡 시에 체내로 들어오는 산소는 에너지를 만들기 위해 산화과정을 거치게 되는데 이 때 호흡하는 산소의 약 2%가 활성산소로 변화하게 된다. 안정 시에 인체는 1분간 약 10L의 공기를 호흡 (분당호흡수 약 20회×1회 호흡량 0.5L)하게 되므로 이 중에 포함되는 산소는 약 2L로서 이 중에 약 2%인 40㎖가 활성산소로 변화하게 된다.

인체 내에는 이러한 활성산소를 생성하는 시스템과 활성산소를 제거하는 시스템이 존재하여 서로 균형을 이루고 있다. 그러나 다양한 병적인 상태에 의해 활성산소생성량이 제거능력을 넘어서게 되면 산화적 스트레스 (oxidative stress)가 발생하여 인체에 활성산소에 의한 악영향을 미치게 된다. .

표10-1. 활성산소 및 활성질소의 종류

free radical	비라디칼
$HO^{\cdot}$ hydroxyradical	$^1O_2$ singlet oxygen 일중항산소
$HOO^{\cdot}$ hydroperoxyradical	H_2O_2 과산화수소
$LOO^{\cdot}$ peroxyradical	LOOH 지질hydroperoxide
$LO^{\cdot}$ alcoxyradical	O_3 오존
NO_2 이산화질소	ONOOH peroxy아염산
NO 일산화질소	HOCl 차아염소산
$O_2^{\cdot -}$ superoxide	

즉, 적당한 활성산소의 생성은 세균이나 이물질로부터 몸을 보호하는 작용을 하지만 과도한 활성산소의 발생은 정상적인 세포까지 무차별적으로 공격하여 다양한 질병과 노화의 주범이 되는 것으로 알려져 있다.

이러한 활성산소의 과도한 발생요인으로서는 신체적으로는 과도한 스트레스나 혈류 순환장애 등이며 외부적으로는 대기오염을 비롯한 환경오염과 화학물질, 자외선 등으로 인해 과잉 생산된 활성산소는 인체의 정상적인 기능을 하는 조직이나 세포 및 DNA 등을 공격하게 된다. 활성산소에 의해 공격을 받은 DNA는 유전정보가 파괴되고 세포수준에서는 비정상적인 세포막과 세포조직을 이루고 있는 단백질을 공격하여 질병을 유발하게 된다.

2) 운동과 활성산소와의 관계

신체활동량이 증가하거나 운동 중의 운동강도가 높아지게 되면 인체 내의 활성산소의 발생량도 증가할 가능성이 높아지게 된다. 활성산소는 골격근, 간장, 심장근, 폐 등의 각 조직에서 증가하게 되어 생체 내에서는 지질, 핵산, 단백질 등에서 손상을 받게 되는 데 가장 많이 알려진 산화적 지표가 지질과산화이다.

운동강도와 활성산소와의 관계에 있어서는 일회성의 최대운동 후에 증가되는 MDA (malondialdehyde)나 TBARS (thiobarbituric acid reactive substances)등의 지질과산화물질이 혈액과 골격근 등의 주요장기에서 증가하게 된다.

그러나 운동의 조건에 따라서는 다소간의 차이가 있을 수 있으나 일반적으로 최대산소섭취량의 70-80%정도의 강도에서 20-30분 정도의 운동에서는 지질과산화물이 급격하게 상승하지 않는 것으로 알려져 있다.

운동 시간과 활성산소와의 관계에 대해서는 일반적으로 운동시간이 길어지면 혈중의 TBARS가 증가하는 것으로 알려져 있다. 그러나 장시간의 운동 중에는 혈중의 TBARS가 운동 중에 땀이나 요중으로 배출되거나 다른 조직으로 이동하기 때문에 운동 전 보다 감소한다는 보고도 있다.

한편, 규칙적인 유산소 운동은 지질과산화 등의 활성산소의 발생이 상대적으로 낮다고 알려져 있는데 이는 조직 중의 항산화효소 및 항산화물질이 증가하기 때문인 것으로 알려져 있다.

3) 항산화제의 종류

항산화제는 활성산소가 안전하고 안정된 생성물로 변환되도록 체내에서 도와주는 물질을 의미한다. 체내에서 발생된 활성산소가 체내의 세포나 DNA 등의 주요 표적기관들을 공격하기 전에 항산화제와 반응이 일어나 체내의 환경을 안정하게 유지시켜주는 역할을 하게 된다.

이러한 항산화제의 종류는 β-carotene, selenium, 수용성 비타민 C, 지용성 비타민 E 등이 알려져 있다.

(1) β -carotene

carotenoids는 긴 사슬의 공역이중결합을 하고 있는 적색, 황색, 자색 등의 색소를 총칭하는 의미로서 녹황색야채, 과일, 해조류, 어패류 등의 식품 속에 많이 포함되어 있다. β-carotene은 이러한 carotenoids의 대표적인 물질이다.

β-carotene 내에는 일중항산소 ($^1O_2$)나 활성산소를 제거하는 항산화작용과

provitamin A의 활성이 존재한다. β-carotene이 $^1O_2$를 제거하는 능력은 비타민 E의 50배 이상이라고 알려져 있다. 약 1개월간 β-carotene을 하루에 30mg씩 섭취한 결과 DNA의 산화적 손상을 감소시켰다는 보고가 있으나 지나친 섭취는 폐암을 촉진하는 가능성도 제기됨에 따라 β-carotene의 적정량의 섭취에 대한 연구가 충분히 이루어져야 될 필요가 있을 것이다.

(2) 비타민 C

ascorbic acid라고도 불리는 비타민 C는 수용성 비타민으로서 인체 내의 세포질 및 혈장에 존재하여 혈액 중의 지질이나 LDL (low-density lipoprotein)의 과산화를 방어하는 기능을 갖는다.

비타민 C는 같은 수용성 항산화물질로 알려진 요산이나 빌리루빈보다 강력한 항산화능력을 갖고 있다. 또한 비타민 C는 세포막지질이나 혈장 지단백질 (lipoprotein)의 항산화기능에 작용하는 비타민 E의 재생에도 관여한다.

(3) 비타민 E

비티민 E는 대단히 유효한 항산화물질로서 지용성 비타민이며 세포막지질이나 혈장의 지단백질 내에 존재하여 이 부위에서 진행되는 지질과산화를 억제하는 기능을 하는 것으로 알려져 있다.

비타민 E는 토코페롤이라는 이름으로도 알려져 있으며, 토코페롤은 α-, β-, γ-, δ-토코페롤의 4가지가 알려져 있는데 식물체 내에는 γ-토코페롤이 많이 존재하지만 이것을 인체가 섭취하여도 인체 내에서는 α-토코페롤만이 검출된다. 비타민 E는 동맥경화, 심근경색, 허혈성 심질환 등의 예방에 효과적인 것으로 알려져 있다.

특히, 운동과 관련하여 적당한 양의 비타민 E의 섭취는 고강도의 운동 후에 지질과산화물의 생성억제에 효과가 있는 것으로 나타나 운동과 관련해서도 항산화능력이 있는 것으로 알려져 있다.

4) 항산화효소

활성산소는 대부분 음식물을 에너지로 전환하는 대사 과정 중에 발생한다. 그러나 인체 내에는 활성산소를 효과적으로 무독성물질로 전환시켜 주는 항산화효소가 존재하여 활성산소의 무제한적인 증가를 억제한다. 이러한 항산화효소의 종류로서는 SOD (superoxide dismutase), GPx (glutathione peroxidase), catalase 등이 알려져 있다.

(1) SOD (superoxide dismutase)

SOD는 superoxide를 제거하는 효소이다. 생체 내에서 발생되는 활성산소종의 대부분은 superoxide에서 유래하므로 SOD는 항산화효소체계 중에 가장 먼저 작용하는 효소라고 할 수 있다. SOD는 거의 모든 포유동물에 존재하는 효소로서 3종류의 isozyme이 존재 한다 (표 10-2).

표 10-2. 인체에 존재하는 SOD의 종류

	Cu,Zn-SOD	Mn-SOD	EC-SOD
분포	세포질	미토콘드리아	세포외
분자량	32,000	88,000	135,000
subunit	dimer	tetramer	tetramer
금속(monomer 당)	1Cu, 1Zn	1Mn	1Cu, 1Zn
활성저해			
CN-	+	-	++
H_2O_2	+	-	+
diethylthiocarbamate	+	-	++
2% SDS	-	+	++
chloroformethanol	-	+	-
특징	당화에 의해 활성이 없어짐	사이토카인에 의해 유도됨	헤파린결합 도메인을 갖음

Cu,Zn-SOD는 세포질에 많으며 특히 간장과 적혈구 내에 많이 나타난다. 노화나 고혈당상태에서 비효소적으로 당화반응에 의해 활성이 저하되므로 노화나 당뇨병 합병증과의 관련성이 깊은 것으로 추측되고 있다. Mn-SOD는 미토콘드리아에 존재하며 사

이토카인에 의해 유도되는 특성이 나타나 세포방어의 관점에서 주목받고 있다. EC-SOD의 1차적인 구조는 Cu,Zn-SOD와 비슷하지만 사이토카인에 의해 발현조절을 받는 점은 Mn-SOD와 비슷한 성질을 갖고 있다.

규칙적인 운동 트레이닝에 의해 골격근을 포함한 각 조직 중의 SOD농도 및 활성은 증가하는 경향을 나타내지만 일회성의 급격한 운동에 의한 영향은 일관적인 결과가 도출되지 않아 SOD 단백질의 운동과 관련된 기능적인 부분에서는 더 많은 연구가 필요하다고 볼 수 있다.

(2) GPx (glutathione peroxidase)

GPx는 GSH의 산화반응과 함께 과산화수소 및 다른 과산화물 (ROOH)을 환원하여 수산화물 (ROH)을 생성하는 반응을 촉매 하는 역할을 한다 (그림 10-1).

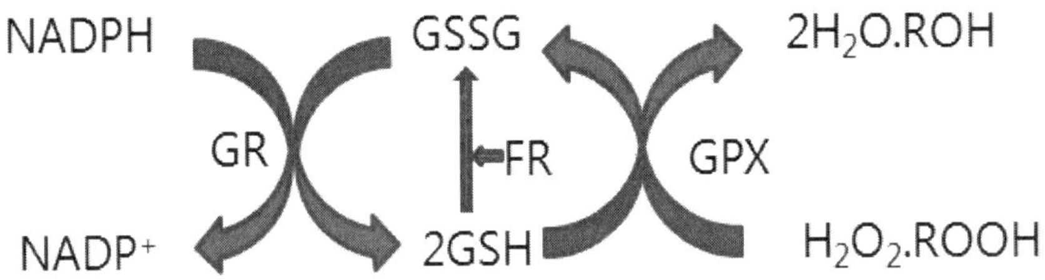

그림10-1. glutathione redox system

GR: glutathione reductase, FR: free radical, GPX: glutathione peroxidase, GSH: 환원형 glutathione, GSSG: 산화형 glutathione

GPx는 Se-GPx와 non-Se-GPx의 두 가지가 존재한다. 활성은 catalase와 비슷하나 catalase는 peroxisome에 국한되어 존재하는 반면에 GPx는 주로 세포질에 존재한다. 또한 과산화수소에 대한 친화성은 catalase 보다 높으며 기질특이성도 GPx가 넓고 지질과산화물 등에도 작용하는 것으로부터 GPx는 조직을 산화적 변성으로부터 예방해 주는 중요한 역할을 담당하고 있을 것으로 추측하고 있다.

운동 트레이닝에 의해 GPx는 증가하는 것으로 알려져 있으나 GPX의 활성을 증가시키기 위해서는 GSH의 공급이 필수적이며 운동에 의한 항산화효소의 영향을 보기 위해서는 GR (glutathione reductase), SOD, catalase 등을 종합적으로 검토해야 할 것이다.

(3) catalase

catalase는 과산화수소를 산소와 물로 변환시키는 반응을 촉매 하는 효소로서 적혈구, 간장, 신장 등에 분포하며 간장과 신장의 대부분의 catalase는 세포소기관인 peroxisome에 존재한다.

일회성 운동이나 장기간의 트레이닝에 의해 SOD나 GPx의 활성은 증가한다고 알려져 있으나 catalase의 경우에는 변화가 나타나지 않는다는 보고가 많이 나타나고 있다. 이는 catalase가 GPx에 비하여 과산화수소에 대한 친화성이 낮으며 또한 적혈구 이외의 장기에서는 peroxisome이라는 세포소기관에 국한하여 존재하므로 과산화수소 분해능이 GPx에 비하여 낮다고 추측되고 있다.

2. 활성산소의 발생과 관련이 깊은 질병

1) 암

암의 원인은 유전자의 정보를 관장하는 DNA에 손상과 관련이 깊다고 알려져 있다. DNA의 손상은 DNA의 수복 유전자의 손상이나 암 억제와 관련된 유전자가 활성산소의 작용에 의해 기능을 상실하여 세포의 분열 증식기능이 이상을 초래하거나 암 유전자 자체에 이상을 초래하기도 한다. 따라서 DNA손상의 원인은 활성산소의 발생과 깊은 관련이 있다고 추측하고 있다.

2) 동맥경화

동맥경화는 순환기계의 대표적인 질환으로서 심근경색, 협심증, 뇌경색, 뇌출혈 등을 일으키는 원인으로 알려져 있다. 동맥경화의 지속적인 진행은 돌연사로 이어질 위험성이 높은 질환이다. 동맥경화의 주된 원인으로서 활성산소의 관련성이 주목받고 있다. 동맥경화가 진행된 혈관을 보게 되면 혈액 속의 지질이 산화되거나 세포막 등을 구성하고 있는 불포화 지방산이 산화되어 혈관 내벽에 부착되어 내벽을 변성시킴에 따라 혈관이 딱딱해 진다. 활성산소의 발생은 혈중의 지질이나 세포막 성분인 불포화 지방산을 산화시키는 작용에 관련하는 것으로 알려져 있다.

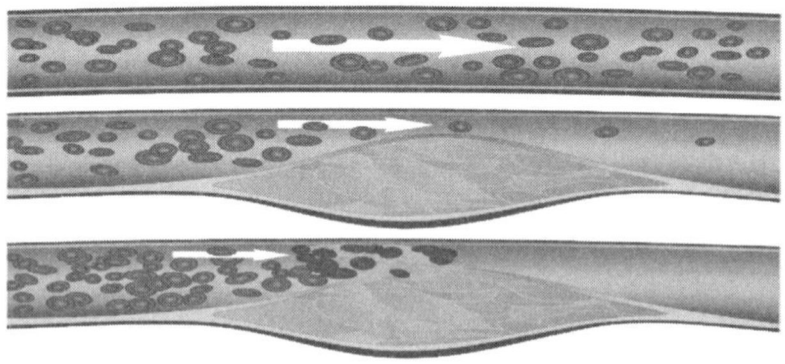

그림10-2. 동맥경화의 진행과정

3) 당뇨병

운동부족, 흡연, 결식, 과음 등의 다양한 원인에 의하여 발생되는 당뇨병의 발생기전은 미토콘드리아의 기능 장애에 의해 체내의 포도당 이용능력에 이상이 생기는 질병이라고 할 수 있다. 이러한 당뇨의 발병도 활성산소가 미토콘드리아 유전자의 기능을 비정상적으로 작용하도록 영향을 미쳤을 것으로 추측하고 있다. 미토콘드리아 내의 유전자가 이상이 생기게 되면 ATP 생산에 문제가 생겨 인슐린의 분비부전과도 연결되어 혈당이 상승되어 당뇨가 발생하게 된다.

4) 간장의 해독작용 약화

간장 내의 cytochrome P450은 간장에서 해독기능과 관련이 깊은 효소로서 화학물질이나 약물, 식품 첨가물, 음주 등에 따른 물질을 이물질로 판단하여 해독기능을 하게 된다. 간장 내에서 과도한 활성산소의 발생은 간장의 해독작용을 약화시키는 결과를 초래할 수 있다. 따라서 간장을 건강하게 유지하고 활성산소의 발생을 최소화하기 위해서는 과도한 스트레스의 자제, 절주 및 약물남용 등에 주의를 기울여야 할 것이다.

5) 위장질환

위염, 위궤양 등의 위장질환의 발생에도 활성산소가 관여한다. 위염에 의해 위 점막에서 발생되는 염증은 과도한 자극물의 섭취나 세균 및 바이러스의 침투에 의해 발생된다. 특히 만성위염의 경우 염증의 치유 및 발생이 반복되므로 이에 따라 발생되는 활성산소는 계속적으로 위벽의 점막 손상을 진행시키게 되므로 예방이 중요하다고 할 수 있다.

예방적 생활습관으로는 과식, 자극성 음식 섭취 등에 주의를 기울이고 금연이나 야간의 음식섭취 등의 행위도 삼가야 할 것이다.

6) 류마티스 관절염

류마티스 관절염의 발병기전은 크게 유전, 바이러스에 의한 감염 또는 호르몬 이상으로 발병하는 것으로 추측하고 있으나 아직 정확한 기전은 알려지지 않고 있다.

외부로부터 침입한 세균이나 바이러스 등에 대하여 체내의 백혈구는 이를 이물질로 인지하고 신체를 보호하기 위하여 공격하게 되는 데 이때 백혈구는 정상세포까지 이물질로 인지하여 공격하여 나타나는 질병이다. 이 때 주로 공격받는 부위가 관절과 주위의 결합조직으로서 이 부위에 염증반응이 나타나며 이러한 염증반응은 신체 어느 부위에서도 나타날 수 있다.

류마티스 관절염은 보통 중장년층에서 많이 나타나며 처음에는 근육 통증과 경직 증상이 나타나다가 증상이 심해지면 손가락, 손목 관절 등에서 보통 3-4개의 관절에서 동시에 발생하며 악화되면 통증이 심해지고 부종이 생기기 시작한다. 한편 류마티스 관절염은 보통 남자보다 여자가 3-5배 이상 발병율이 높은 것으로 알려져 있으며 나이와 상관없이 발병할 수 있다.

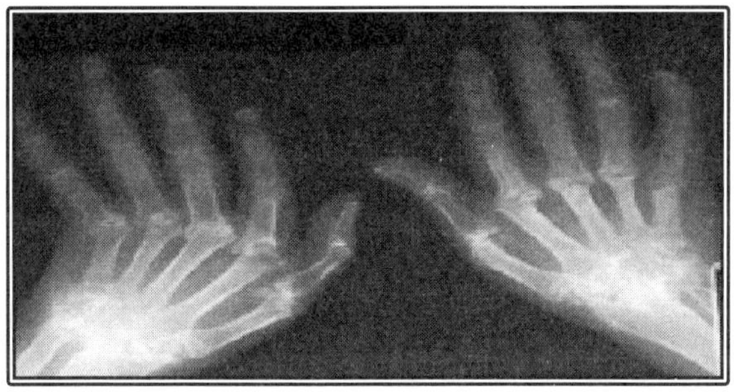

그림 10-3. 류마치스 관절염환자의 변형된 손가락

3. 활성산소를 억제하기 위한 생활수칙

질병관리본부에서는 한국인의 건강위험 행위의 순서로서 신체적 비활동, 부적절한 수면, 흡연, 아침결식, 과음, 잦은 간식 등을 발표하였다. 이러한 생활행위는 활성산소의 발생과도 매우 깊은 연관성을 갖고 있으므로 활성산소를 억제하기 위한 생활수칙에 대하여 소개하고자 한다.

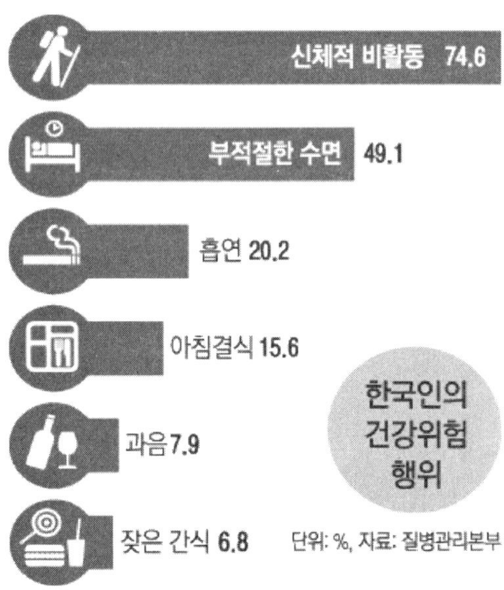

그림 10-4. 한국인의 건강위험 행위

1) 스트레스 해소

활성산소를 만드는 주원인 중 하나가 바로 스트레스이다. 스트레스는 우리 몸속에서 염증반응을 유발하는데, 이 염증반응에 의해 활성산소가 대량으로 발생하게 된다. 스트레스를 예방하거나 억제하기 위한 생활수칙으로 적당한 운동, 심호흡과 명상하기, 화내지 않고 긍정적인 생각하기, 적당한 취미 생활하기 등을 추천하고 있다.

2) 컬러푸드 섭취

인체 내에서 발생하는 활성산소를 줄이기 위해서는 항산화식품을 섭취해야 한다. 다양한 비타민과 폴리페놀이 풍부한 컬러푸드가 바로 대표적인 항산화식품이다.

적자주색 과일에는 안토시아닌, 빨간 색 과일 및 야채에는 라이코펜, 노란색 과일 및 야채에는 베타카로틴, 초록색과일 및 야채에는 인돌이 풍부하게 함유된 것으로 알려져 있으며 그리고 안토시아닌과 베타카로틴이 풍부한 검은 색의 식품을 골고루 섭취하면 활성산소를 제거하고 노화와 질병을 예방하는 데 도움을 줄 수 있다. 반대로 햄, 햄버거 등의 인스턴트식품은 인체 내에서 활성산소의 발생을 촉진하는 식품들이다.

다음은 각종 색깔별 과일 및 채소의 종류를 열거하였다.

- 적자주색 : 적포도, 블루베리, 붉은 고추
- 빨간색 : 토마토, 수박, 파프리카 등
- 노란색 : 호박, 고구마, 감, 귤, 복숭아, 당근, 살구 등
- 초록색 : 브로콜리, 양배추 등
- 하얀색 : 마늘, 양파, 무 등
- 검은색 : 검정콩, 검은깨, 목이버섯 등

그림 10-5. 항산화제를 포함한 다양한 종류의 컬러푸드

그림 10-6. 인체에 해를 미치는 식품

3) 비만예방 및 절주

과식을 하게 되면 음식을 소화시키기 위해 많은 에너지를 필요로 하게 된다. 또 간에서 알코올을 해독시킬 때도 활성산소가 나온다. 따라서 과식을 하거나 술을 자주 마시는 것도 좋지 않다.

4) 규칙적인 적당한 운동

활성산소는 인체 내에서 산소소비가 증가할수록 많이 발생한다. 지나친 운동이나 격렬한 신체 활동은 인체에 스트레스를 주기 때문에 활성산소를 많이 발생하게 한다는 것이다. 따라서 운동은 땀을 흘릴 정도의 적당한 강도로 규칙적으로 하는 것이 건강을 유지하고 노화를 예방하는 데 효과적이다.

5) 금연

담배연기에는 나프틸아민, 니켈, 벤젠, 비닐 크롤라이드, 비소 카드뮴 등의 발암성 물질이 포함되어 있다 이러한 발암물질은 폐 조직 등에서 활성산소를 발생하여 암을 유발하는 것으로 추측하고 있다.

6) 생활 속 화학물질

먹거리 속에는 잔류농약, 오염중금속, 유전자 재조합식품 (GMO: Genetically modified organism) 및 다양한 식품 첨가물이 포함되어 있다. 식품 및 첨가물 섭취로 인한 유해 작용은 알레르기 반응이 나타날 수 있으며, 또한 특정 식품에 대한 특이체질을 나타낼 경우에는 과민반응이나 특이반응을 유발하며, 심한 경우에는 신경계 증상에서 암까지 다양한 질환을 유발할 수 있다.

따라서 식품을 고를 때 가능하면 식품 첨가물이나 잔류 농약이 적은 유기농 제품, 유통과정과 유통기간이 짧은 근거리 생산 제품을 선택하는 것이 좋으며 반드시 식품의 성분표를 확인하고 구입하는 것이 바람직하다.

Memo

Memo

Memo

기초 운동영양학

실험실습 편

제 11장. 운동영양학의 이해를 위한 기초 실험

1. 실험의 목적

실험의 목적이 불분명하거나 목적의식이 명확하지 못한 상태에서 실행하는 실험에서 좋은 결과를 기대하기는 힘들다. 스포츠영양학 실험은 흰쥐나 사람 등의 생체를 대상으로 한 연구이다. 따라서 생체를 이해하고 본 연구의 목적이 무엇인 지 명확하게 이해한 상태에서 실험에 임하여야 소기의 목적을 달성할 수가 있다.

2. 실험 시 주의할 점

1) 실험에 수행되는 기본적인 조작법에 대하여 충분히 이해한다.

실험에는 많은 기자재를 이용하는 경우가 많다. 이러한 실험기자재를 이용하기 전에 사전에 실험기자재의 이용법을 충분히 숙지하여 실험의 오류를 최소화할 수 있도록 하여야 한다. 또한 기자재의 사용 전후에는 기자재의 이상 유무를 확인하고 사용하여야 하며 기자재에 이상이 있는 경우에는 즉각 적당한 조치를 취하여 실험에 불편함이 없도록 하여야 한다.

2) 실험실에서의 기본적인 예의를 지킨다.

실험실 내에서는 여러 가지 기본적인 예의를 지켜야 될 사항들이 많이 있다. 특히 실험 중에 잡담을 한다든지 휴대전화를 사용한다든지 하는 것은 실험실 내에서 해서는 안 될 행동들이다. 이러한 실험실 내에서의 기본적인 예의를 준수하는 것은 올바른 실험을 하는 기본적인 상식이라고 할 수 있다.

3) 안전수칙을 준수한다.

실험실에서 사용하는 약품이나 기자재들 중에는 특히 안전을 준수해야 될 사항들이 많이 있다. 예를 들어 염산을 사용한다든지 어떤 물질을 원심분리를 한다든지 할 때에는 특히 약품을 취급하는 안전수칙이나 원심분리기를 이용할 때에 지켜야 될 안전 수칙에 대하여 명심하고 실험에 임하여야 한다.

3. 기본 단위

표 11-1 기본단위

길이(length)	부피(volume)	농도(concentration)
km	liter(ℓ)	mole
m	desiliter(dℓ)	mmol
cm	mililiter(mℓ)	μmol
mm	microliter(μℓ)	w/w

4. 기구 및 기자재

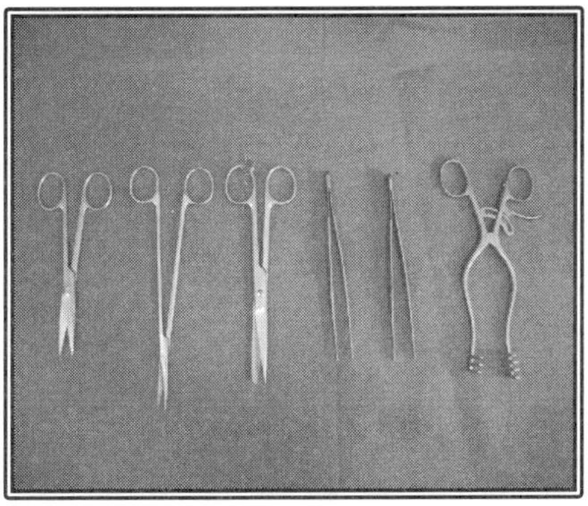

해부도구

액체질소탱크

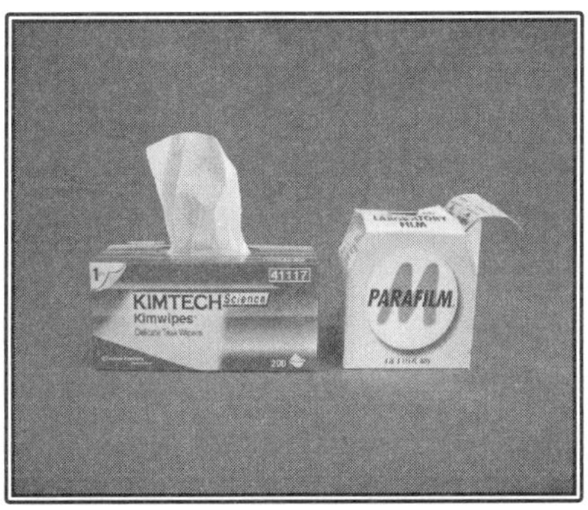

실험용 티슈 및 파라필름

초자기구

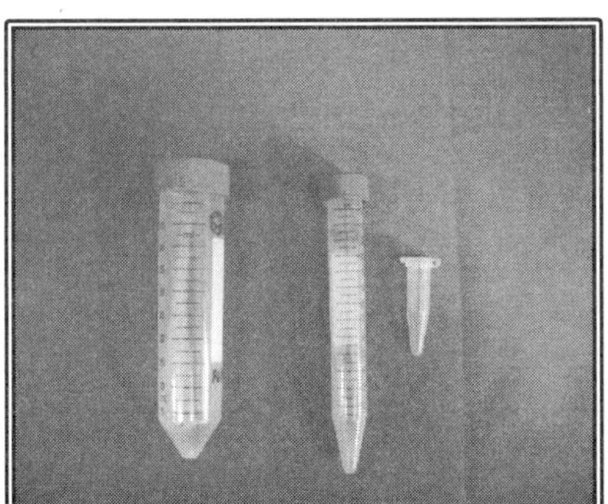

일회용 튜브용기

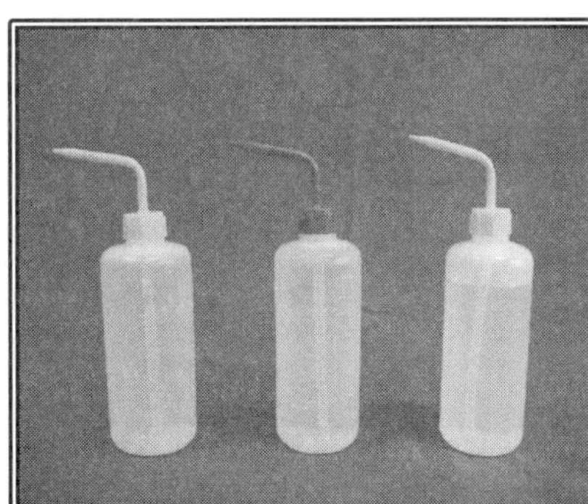

증류수보관용 병

시험관 스탠드

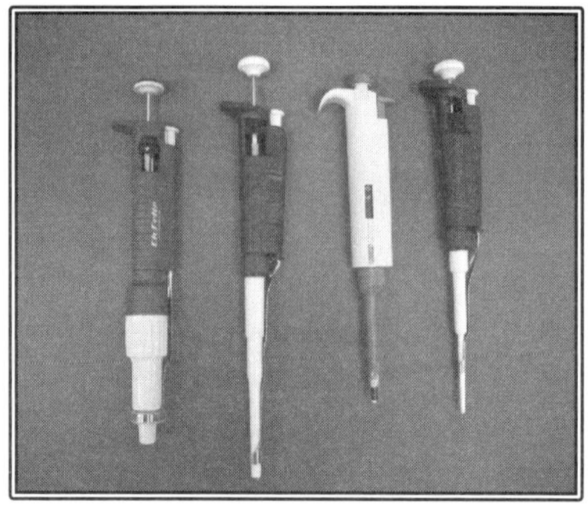

파이펫 (pipette)

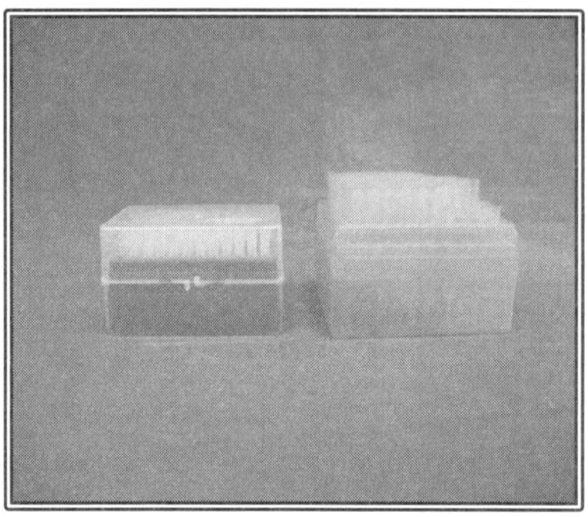

tip의 종류

랙 (rack)

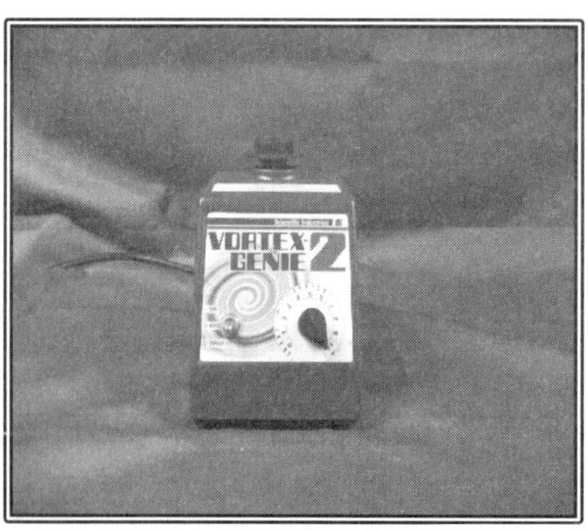

진탕기 (vortex)

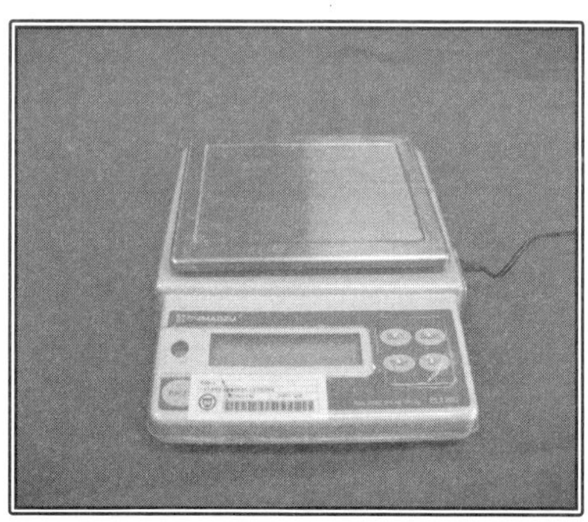

밸런스

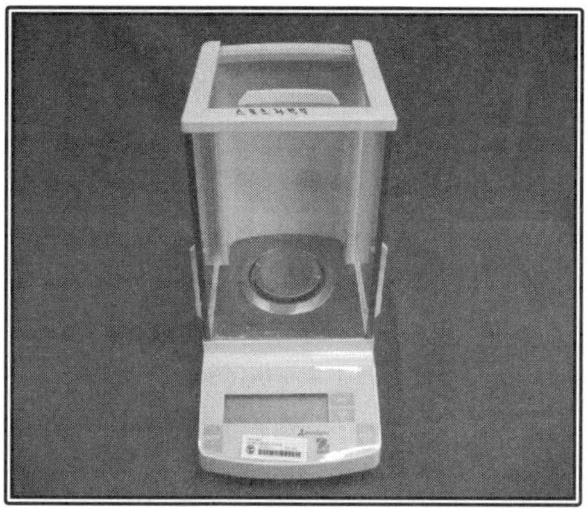

미세밸런스

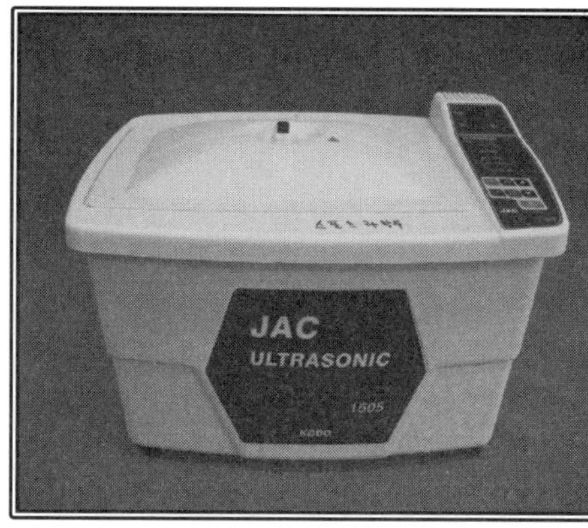

세척용 초음파분쇄기

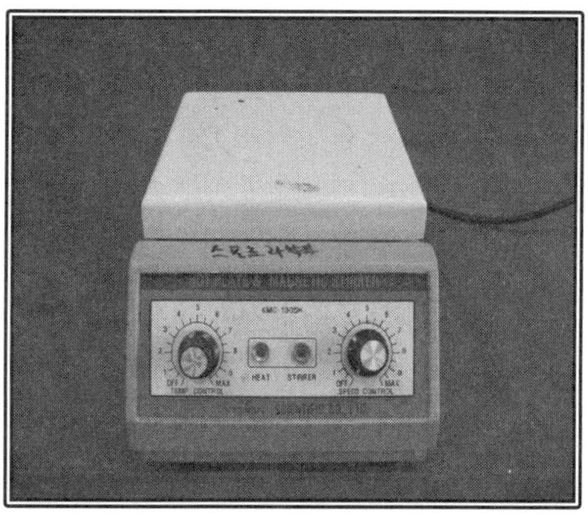

열판 교반기

소형 교반기

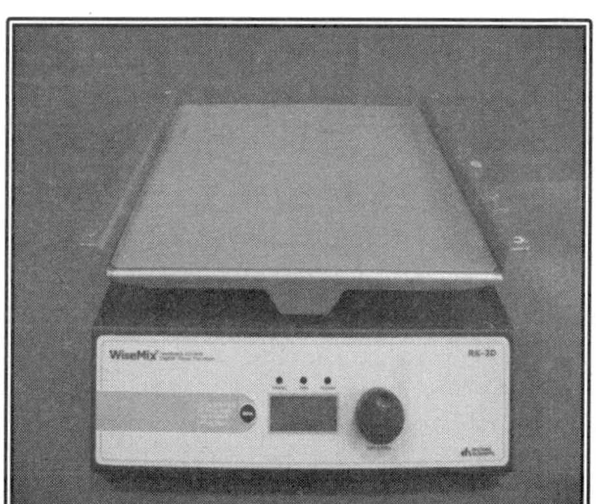

교반기 (blotting apparatus)

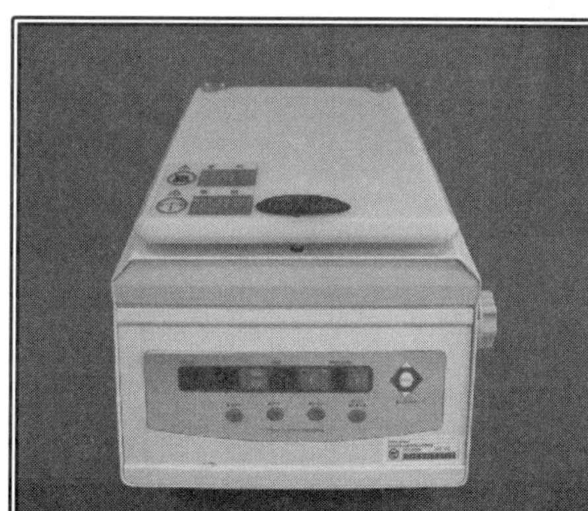

미세원심분리기 (microcentrifuge)

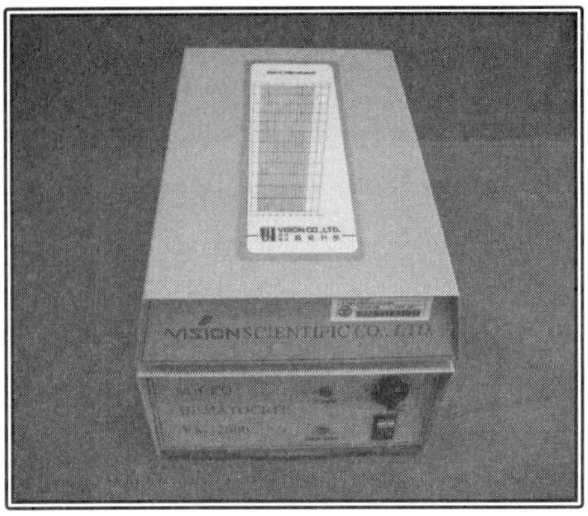

헤마토크리트 원심분리기

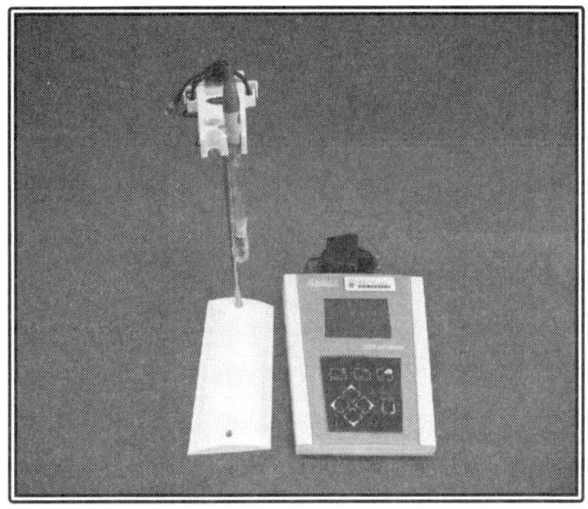

산도 측정기 (pH meter)

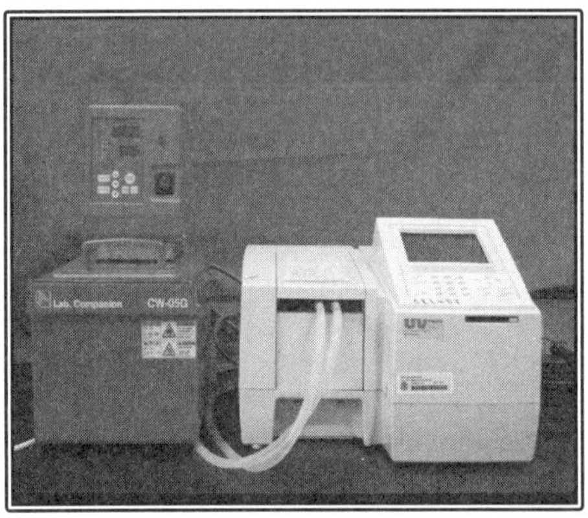

자외선 분광광도계

광학현미경 (light microscope)

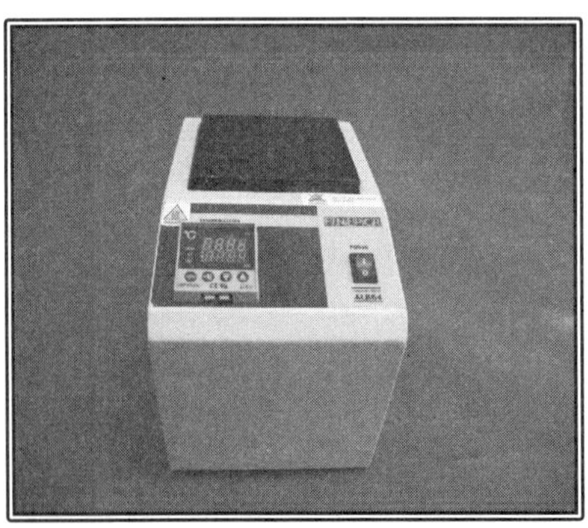

초고온 가열기 (heating block)

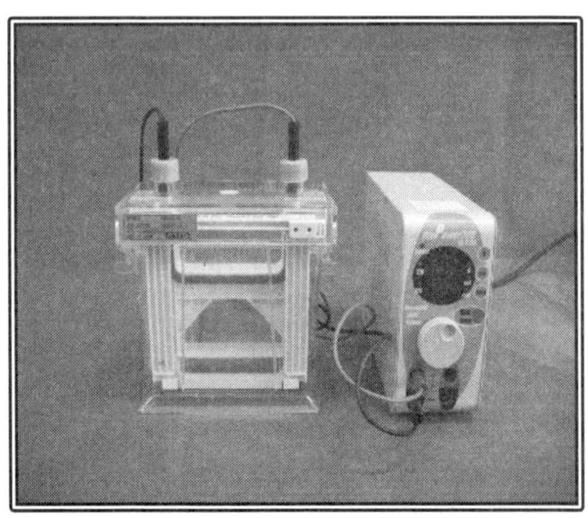

전기영동장치

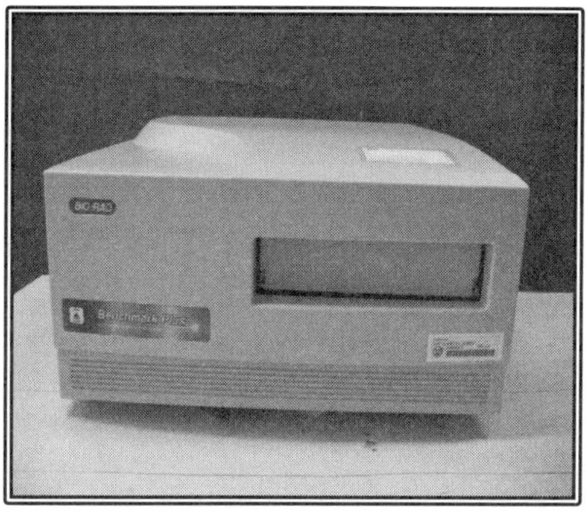

ELISA reader

실험 1. 식이의 조성과 열량 계산 (캔프로)

본 실험에서는 하루에 섭취하는 열량에너지가 얼마인지를 알아보는 실험을 한다. 이 실험을 정확하게 하기 위해서는 하루 동안 섭취한 음식물이나 간식의 종류와 양을 정확하게 아래의 식사량 조사표에 기입하여야 한다. 평균적인 1일 섭취에너지량을 조사하기 위해서는 최소한 3일간의 식사량 조사를 한 후에 평균적인 1일 섭취에너지량을 구한다.

섭취에너지량을 구하는 프로그램은 한국영양학회에서 개발한 Can 프로그램을 이용하여 본인이 섭취한 음식물의 종류와 양을 정확히 기입하면 3대 영양소를 비롯한 비타민, 무기질 등의 섭취량을 알게 된다. 본 조사를 통하여 본인의 이상적인 체중과 체지방률을 알아보고 고찰한다.

식사량 조사표

날 짜	아 침	점 심	저 녁	간 식
1일차				
2일차				
3일차				

고 찰

실험 2. 동물식이의 조성 및 칼로리 계산

스포츠영양학 분야에서 일반적으로 사용되는 흰쥐를 위한 식이의 구성은 1977년 미국 영양학회 (American Institute of Nutrition)에서 발표된 AIN-76 식이구성표를 기본적으로 많이 이용하고 있다. 일반적으로 시판되고 있는 사료는 고형식이 많지만 AIN-76 식이구성을 기본으로 하여 실험의 목적에 따라 고단백식, 저단백식, 고지방식, 저지방식, 무기질결핍식, 비타민결핍식 등을 제조하며 특수목적으로 만들어지는 사료는 분말식으로도 제조하고 있다. 분말 식이의 제조는 각 식이재료의 중량을 측정한 후에 충분히 갈아서 혼합한다. 이렇게 만들어진 식이는 4℃의 냉장보관을 하게 되면 약 3개월 정도는 영양소의 손실이나 변화에는 큰 영향을 미치지 않게 된다. 일반적으로 장기간의 사육 시에 식이 제조는 2주에 한번 정도 제조할 정도의 식이를 만든다.

식이 급여법은 크게 자유급여법 (ad libitum feeding)과 제한급여법으로 나눌 수 있다. 또 제한급여식은 등량급여법 (paired-feeding)과 시간제한 급여법 (meal-feeding)으로 나눌 수 있다. 자유급여법은 사료의 양을 제한하지 않고 충분하게 급여하는 방법을 말한다. 등량급여법은 식이섭취량이 적은 흰쥐는 자유급여로 사료를 제공하고 나머지 흰쥐는 식이섭취량이 적은 흰쥐가 먹은 양만큼만 사료를 급여하는 방법이다. 이러한 방법은 사료의 섭취량에 따른 영향을 배제할 수 있으나 제한된 사료를 섭취하게 되므로 단시간에 사료를 섭취함으로서 식욕을 충족시켜줄 수 없고 다음 날 급여 시까지 절식 상태로 있어야 된다는 단점이 있다. 시간제한급여법은 하루 중에 일정한 시간대를 정해 놓고 그 시간에만 사료를 급여하는 방법을 말한다.

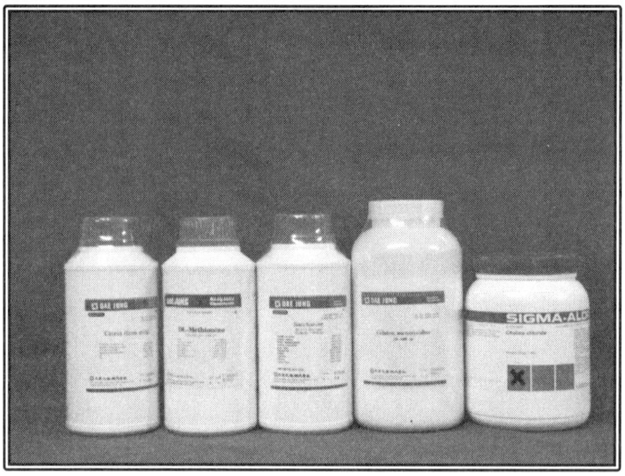

그림 11-1. 식이의 기본적인 구성성분

표 11-2. AIN-76의 식이구성표와 고지방식이의 조성 (100g 제조 시)

식이구성	일반식이	고지방식이
casein	20.0	
DL-methionine	0.3	
corn starch	15.0	
sucrose	50.0	
fiber	5.0	
corn oil	5.0	
mineral mixture	3.5	
vitamin mixture	1.0	
choline barbiturate	0.2	
총열량		

고 찰

식이의 각 성분을 기재하고 조제량, 열량 등에 대하여 일반식이와 고지방식이를 구분하여 정리하고 고지방식이를 인간이 장기간 섭취했을 경우에 나타나는 문제점에 대하여 서술할 것.

실험 3. 동물해부의 실습

동물해부 시에 필요한 기본적인 물품은 핀셋, 해부가위, 해부대, 마취기구, 액체질소, 채혈관, 약지, 저울, 생리식염수, 소독용 70% 알콜, 사체처리용 비닐 등을 미리 준비해 두어야 한다. 동물해부는 크게 마취, 채혈, 장기 및 조직의 순서로 해부한다.

1. 동물의 마취

일정기간의 사육기간이 끝난 다음에 장기 및 혈액을 통한 변화를 관찰하기 위해서는 흰쥐를 해부하여야 한다. 흰쥐를 해부하기 위해서는 동물의 고통과 불안감을 최소화하고 또한 실험에 해부의 영향으로 인한 호르몬의 분비, 장기 및 조직의 변화 등을 최소화하기 위하여 마취를 하거나 순간적인 단수를 통하여 도살하여야 한다.

흰쥐를 마취할 경우에 이용되는 마취제는 에테르, pentobarbital, nembutal 등의 많은 종류가 있으나 가장 보편적이며 초보자가 큰 무리 없이 사용할 수 있는 마취제로서 에테르 마취제가 이용되고 있다. 에테르 마취제를 사용할 경우에는 먼저 데시케이터와 같은 뚜껑이 있는 통을 준비하여야 한다. 이 통의 바닥에 탈지면이나 화장지와 같은 종이를 깔아 여기에 에테르를 적신다. 에테르가 용기 내에 충만 되면 흰쥐를 잽싸게 원통에 넣은 후 뚜껑을 닫고 흰쥐의 움직임을 관찰한다. 원통에 들어간 흰쥐는 일정한 시간이 지남에 따라 움직임이 둔화되고 조용히 눕게 되며 안구도 붉은색으로 변하게 될 때까지 마취시킨다.

2. 혈액채취 및 분리

혈액 채취는 크게 두 가지로 나눌 수 있다. 먼저 사육 중에 혈중 성분의 변화를 관찰하거나 당부하시험테스트 등의 목적으로 채혈을 할 경우에는 흰쥐의 꼬리부분의 정맥혈을 통한 채혈이나 안구로부터 정맥혈을 채혈하는 방법이다. 꼬리 부분의 정맥혈을 채혈할 때에는 정맥의 혈관을 팽창시키기 위해서 정맥혈관을 가온시켜야 한다. 그리고 사육기간이 끝난 다음에 다량의 채혈이 목적인 경우에는 주로 심장의 좌심실이나 하대정맥 등의 큰 혈관을 통하여 채혈하는 방법이 있다. 채혈할 때에 전혈 내의 적혈구, 백혈구, Hb 등의 변화를 보기 위해서는 1% EDTA, 1% 헤파린 또는 3.8% 구연산 나트륨 등의 항응고제가 함유된 채혈관을 이용하여 채혈하여야 하며 항응고제가 함유된 혈액을 원심분리하게 되면 혈장과 세포성분으로 분리가 된다. 한편, 혈청을 분리하기 위해서는 항응고제가 함유되지 않은 채혈관을 사용하여야 한다. 혈청이나 혈장을 분리하기 위해 이용되는 원심력은 보통 1,500-2,000g이며 원심분리 시간은 약 10-15분 전후이다.

3. 장기 및 골격근 해부

해부는 시술자에 따라 여러 가지 방법으로 해부를 하고 있으나 여기에서는 필자가 주로 해부하는 순서를 기술하도록 하겠다.

1) 마취된 흰쥐를 마취통에서 꺼내어 해부대에 복부가 위치하도록 눕힌다.
2) 먼저 복부를 절개하여 복강을 노출시킨다.
3) 절개한 피부를 핀셋으로 잡고 옆으로 펼친 후에 횡격막을 확인한 다음에 횡격막을 절개한다.
4) 다음으로 양 늑골을 가위를 이용하여 절개하여 심장과 폐를 확인한다.
5) 심장의 좌심실을 확인한 이후에 주사기를 이용하여 채혈한다.
6) 흉곽 내의 폐 (lung), 흉선 (thymus), 대동맥 (aorta), 심장 (heart) 등의 장기를 절제한다.
7) 복강의 비장 (spleen)을 확인하고 절제한다.
8) 그 다음으로 복강 내의 고환부 지방 (epididymal fat), 복부지방 (perirenal fat), 방광 (urinary bladder), 생식기 (genital organ), 위 (stomach), 장관 (gastrointestinal tract), 신장 (kidney) 및 부신 (adrenal gland), 간장 (liver)

등을 확인하고 절제한다.

9) 골격근은 주로 하지에서 비복근 (gastrocnemius muscle)과 족척근 (plantaris muscle), 가자미근 (soleus muscle), 장지신근 (extensor digitorum longus muscle) 등을 확인하여 적출한다.

적출한 장기 및 조직 중에 간장과 같이 장기 내에 혈액을 다량 함유하고 있는 장기는 생리식염수를 주사기에 넣어 관류하여 장기 내의 혈액을 제거하고 또한 조직의 외부에 붙어 있는 혈액도 여과지 등을 이용하여 깨끗이 혈액을 제거한 다음에 신속히 액체 질소통으로 넣어 급속 동결 보관하여 조직을 분석할 때까지 -70℃이하의 냉동고에 보관한다.

또한 신장, 부신 등 조직 주위부에 지방조직이 많은 경우에는 가능한 한 지방을 제거한 다음에 신속히 액체질소통에 넣어 급속 동결 보관하여 조직을 분석할 때까지 -70℃이하의 냉동고에 보관한다.

고 찰

해부한 장기의 이름과 기능에 대하여 고찰할 것

실험 4. 운동 후 혈액성분의 분석

1. 적혈구

1) 기본이론

혈액성분은 크게 혈장, 적혈구, 혈소판, 백혈구로 나눌 수 있다. 이 중에 적혈구의 수치는 5백만/mm^3 전후로서 모양은 납작하고 주변부의 두께는 약 2㎛, 중심부는 약 1㎛ 전후의 도넛 형태를 하고 있다. 이러한 독특한 형태의 적혈구는 주로 산소와 이산화탄소를 운반하는 기능을 하고 있다. 적혈구의 구조를 보게 되면 적혈구는 헤모글로빈 (hemoglobin)을 갖고 있는 데 헤모글로빈은 단백질 성분의 글로빈 (globin)과 철을 포함하고 있는 헴 (heme)으로 구성되어 있다. 적혈구가 동맥혈과 정맥혈에서 각각 붉은색과 검푸른색을 나타내는 이유는 철 성분이 산소와 결합하거나 해리되기 때문이다.

적혈구의 수치를 나타내는 척도는 위에서 언급한 바와 같이 단위부피당 적혈구의 수치를 나타내는 경우와 혈액을 원심분리하여 밑에 가라앉은 적혈구성분의 비율을 나타내는 헤마토크리트 (Hematocrit) 등으로 나타내며 헤모글로빈의 농도 또한 빈혈의 중요한 척도로서 이용되기도 한다.

2) 운동과 적혈구

유산소 운동 중에는 골격근에서 요구되는 산소의 양이 증가하기 때문에 말초혈액내의 적혈구 수치가 증가하게 된다. 이는 유산소 운동이 수행되는 동안에 심박수가 증가되고 혈압이 상승되고 교감신경계 호르몬이 증가되는 등의 혈류역학적인 측면에서도 혈류가 증가되는 현상과 같은 현상을 나타내게 된다.

3) 측정원리

(1) 채혈할 부위의 손가락 끝부분을 알콜 솜으로 깨끗이 소독한다.
(2) capillary tube를 이용하여 손가락 끝의 말초혈을 채혈한다.
(3) 채혈한 말초혈을 헤마토크리트 원심분리기에 넣는다.
(4) 5분간 원심분리 후에 Hct.를 측정한다.

2. 백혈구

1) 기본이론

백혈구는 신체의 최전방에서 신체를 보호하는 면역체계의 기능을 갖는다. 박테리아나 바이러스 같은 외부의 이물질의 침입에 대하여 신체를 방어하는 기능을 갖는 것이다. 또한 백혈구는 다섯 가지의 종류로 나뉘는 데 그 종류에 따라 구조나 기능, 수치가 각각 다르게 나타난다. 백혈구의 종류는 neutrophil, eosinophil, basophil, monocyte, lymphocyte로 나뉜다.

표 11-2 혈액세포의 종류와 정상수치

혈구세포		수치 및 비율
적혈구		5,000,000/mm^3
백혈구		7,000/mm^3
다핵과립백혈구	neutrophil	60-70%
	eosinophil	1-4%
	basophil	0.25-0.5%
단핵무과립백혈구	monocyte	2-6%
	lymphocyte	25-33%
혈소판		250,000/mm^3

고 찰

운동강도와 수분보충에 따른 Hct. 및 심박수의 변화

실험 5. 크레아틴 복용에 대한 무산소 운동능력효과

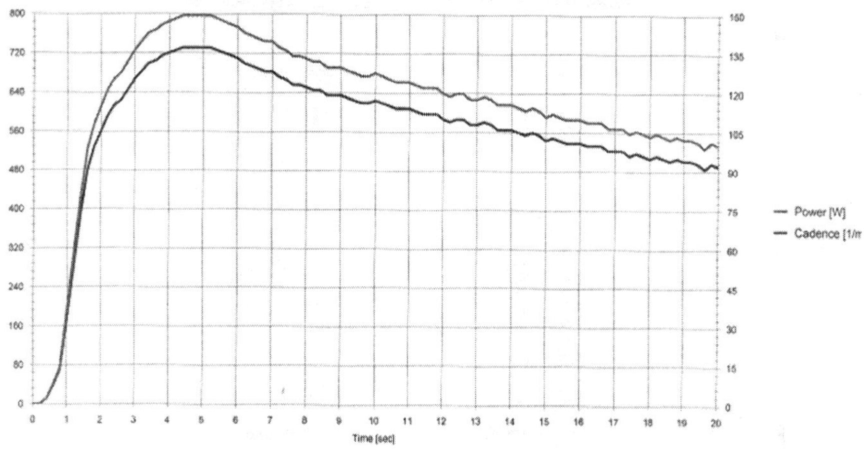

그림 11-2. 윙게이트 테스트 결과 그래프

1835년 프랑스의 Chevreul에 의해 적색 육류에서 처음으로 크레아틴을 발견하였다. 인체 내의 크레아틴은 1926년 Chanutin & Guy가 인체 내에는 100g 이상의 크레아틴을 보유하고 있다고 보고한 이후 운동영양학 분야에서 중요한 에너지원으로서 기능을 하고 있다.

체내의 크레아틴의 약 95%는 골격근에 있으며 나머지는 심장이나 뇌 등에 분포되어 있는 것으로 알려져 있다. 크레아틴의 1일 필요량은 총크레아틴의 약 1.6%에 해당하는 약 2g (체중 70Kg인 경우) 전후이며, 이 중에 절반은 고기, 생선 등의 동물성 식품으로부터 얻어지며 나머지는 간, 신장, 췌장에서 아미노산인 글리신, 아르기닌, 메치오닌에 의해 합성된다.

강력한 폭발력을 갖는 고강도 운동 시 ATP가 분해되어 ADP로 전환되며, 저장되어 있던 크레아틴 인산이 분해되면서 이 에너지에 의해 ADP와 무기인산으로부터 ATP가 지속적으로 재합성된다. 운동 중의 고에너지의 지속시간을 결정하는 요인은 주로 근육 중의 크레아틴 인산의 축적양이며 크레아틴 인산이 고갈되면 ATP의 재합성이 불가능하여 경기력은 급속하게 저하된다. 따라서 크레아틴 섭취에 의한 체내의 크레아틴 축적은 크레아틴 인산축적량을 증가시키면서 ATP 재합성이 가능하게 되므로 고강도운동을 보다 지속적으로 할 수 있을 것이다

1. 크레아틴의 섭취법

1997년 미국체력관리학회인 NSCA (NATIONAL strength & conditioning association)에서는 표 과 같이 크레아틴 섭취를 할 것을 권장하였다.

표 11-3 크레아틴 섭취방법

	섭취량	섭취요령
로딩기	20g씩 6일 동안 섭취	20g을 5g씩 4회로 나누어 섭취 (아침, 점심, 저녁 식후 및 트레이닝 후 복용)
유지기	시합 전 1주일동안 하루에 5g씩 섭취	훈련 후에 섭취하는 것이 효과적

크레아틴 섭취 시에는 물 또는 100% 과즙 주스와 함께 섭취하는 것이 효과적이다. Green 등의 연구에 의하면 크레아틴 5g을 100㎖의 커피, 홍차 등의 음료에 녹여서 마시는 경우, 크레아틴과 함께 탄수화물을 공급하여도 혈당치상승을 동반하는 인슐린 분비능력에 따라 근육으로의 크레아틴 흡수가 향상되어 경기력도 현저하게 상승한다고 보고하였다. 훈련 후에도 크레아틴을 섭취할 때는 물이나 주스 등의 글리코겐 회복에 좋은 에너지드링크를 사용하는 것이 보다 효과적이다.

2. 무산소 운동능력 측정법

일반적으로 가장 많이 이용하는 최대무산소 운동능력 측정법은 Wingate test를 통하여 측정한다.

자전거에 올라타서 안장과 페달을 피험자가 가장 편안한 위치에 놓고 준비 자세를 취한다. 검사자의 신호와 함께 최대전력으로 검사자의 중지신호가 있을 때까지 전력으로 페달링을 실시한다.

실험결과

	1차 시기			2차 시기			3차 시기			회복기
	PP	MP	FI	PP	MP	FI	PP	MP	FI	
무산소 파워										
젖산농도										
심박수										

고 찰

Memo

Memo

Memo

참고문헌

강희성, 김기진, 김태운, 김형묵, 장경태, 전종귀, 조현철 (2001) 운동과 스포츠생리학. 대한미디어.

김낙두, 김충규, 김봉기, 한병훈, 이상섭 (1980) 인삼의 강장효과에 관한 연구(2) 인삼의 심장기능 보호작용. 생약학회지. 11: 39.

김미경, 왕수경, 신동순, 정해랑, 권오란, 배계현, 노경아, 박주연 (2006) 생활 속의 영양학. 라이프사이언스.

김영수, 윤성원, 이명규, 송제호, 오재근 (2001) 경기력 향상과 한방 에르고제닉 에이드. 체육과학연구. 12: 1-25.

김용수, 정락희, 김복현, 한승호, 김현희 (2009) 생생한 해부학 수업을 위한 비주얼 아나토미. 대경북스.

김원중, 황명훈 (2004) 온도변화에 따른 지구성 운동이 serum FFA, glucose 농도와 에너지소비에 미치는 영향. 한국체육과학회지. 43: 231-241.

김태영, 이청무 (1999) 홍삼투여가 운동 시 항산화효소 및 과산화지질의 변화에 미치는 영향. 운동과학. 8: 473-483.

김현숙, 박태선, 백일영 등 (2001) 21세기 스포츠영양. 교문사.

[네이버 지식백과] 셀레늄 [selenium] (파워푸드 슈퍼푸드, 2010.12.11, 푸른행복)

맹원재, 홍희옥, 송병춘 (2000) 현대인의 식생활과 건강. 건국대학교 출판부.

박명윤, 이건순 (2006) 웰빙 라이프를 위한 노인 영양과 복지. 광문각.

여남희, 이학용 (2002) 당귀수산투여가 타박상 부상된 흰쥐의 혈액 효소활성도에 미치는 영향. 한국체육학회지. 41: 333-340.

이경영, 김소영 (2008) 다이어트 영양학. 대한미디어.

이성모, 이승범, 이명천 (2006) 상황버섯 추출물의 투여가 운동수행력, 근피로 및 항산화체계에 미치는 영향. 운동영양학회지. 10: 173-179.

이시진 (1994) 본초강목. 의성당.

윤동현 (2010) 규칙적인 운동과 홍삼 복합처치가 산화적 스트레스 및 항산화 방어능력에 미치는 영향. 세조대학교 대학원. 미간행 석사학위논문.
서영환 (2005) 스포츠영양학. 대경북스.
서정숙, 서광희, 이승교, 정현숙 (2007) New 영양학. 지구문화사.
서진희 (2008) 상황버섯의 복용이 점증적 최대운동부하시 유산소성 운동능력과 혈중 젖산 농도에 미치는 영향. 한국체육학회지. 47: 499-505.
전익조, 정정학 (2012) 국내 자생식물의 작물화 및 재배현황. 한국식품저장유통학회. 11: 3-6.
조덕현 (1997) 한국의 버섯. 대원사.
조성숙 (2002) 스포츠영양학. 도서출판 효일.
최혜미 등 (1999) 21세기 영양학 원리. ㈜ 교문사.
한국운동영양학회 (2011) 운동영양학. 한미의학.
한용봉, 임병순, 김성환, 김복란 (2002) 영양학. 신광출판사.
大野秀樹, 跡見順子, 伏木亨編. (1998) 活性酸素と運動. 杏林書院.
臨床スポ-ツ醫學 (1996) スポ-ツ榮養の實際. 文光堂.
Anderson RA (1998) Effects of chromium on body composition and weight loss. Nutr Rev. 56: 266-270.
Armstrong LE (2002) Caffeine, body fluid-electrolyte balance, and exercise performance. Int J Sports Nutr Exerc Metabol. 12: 189-206.
Armstrong LE, Hubbard RW, Szlyk PC, Matthew WT, Sils IV (1995) Voluntary dehydration and electrolyte losses during prolonged exercise in the heat. Aviat Space Environ Med. 56: 765-770.
Attele AS, Wu JA Yuan CS (1998) Ginseng pharmacology: mutiple constituents and multiple actions. Biochem Pharmacol. 58: 1685-1693.
Avakian EV, Sugimoto BR (1983) Effect of panax ginseng extract on blood energy substrates during exercise. Federal Proceeding. 42: 287.
Belko AZ, Obarzanek E, Roach R, Rotter M, Urban G, Weinberg S, Roe DA (1984) Effects of aerobic exercise and weight loss on riboflavin requirements of moderately obese, marginally deficient young women. Am J Clin Nutr. 40:

553-561.

Bloomer RJ, Goldvarb AH, McKenzie MJ, You T, Nguyen L (2004) Effects of antioxidant therapy in women exposed to eccentric exercise. Int J Sports Nutr Exerc Metabol. 14: 377-388.

Brady PS, Hoppel CL (1985) Hepatic peroxisomal and mitochondrial fatty acid oxidation in the riboflavin-deficient rat. Biochem J. 229: 717-721.

Brekman II, Dardymov IV (1971) Mechanism of increasing organism resistance under the effect of ginseng and eleutherococcus preparations. Akad Nauk SSSR. 14: 82-88.

Broadus AE (1993) Physiological Functions of Calcium, Magnesium, and Phosphorus and Mineral ion Balance. In Primer on the Metabolic Bone Diseases and Disorders of Mineral Metabolism Favus, M.J., Ed.; Raven Press: New York, NY, USA.

Brooks GA, Gaesser GA (1980) End point of lactate & glucose metabolism after exhausting exercise. J Appl Physiol. 49: 1057-1069.

Broso R, Subrizi R (1996) Gynecologic problems in female athletes. Minerva Ginecol. 48: 99–106.

Cade R, Conte M, Zauner C, Mars D, Peterson J, Lunne D, Hommen N, Packer D (1984) Effects of phosphate loading on 2,3-diphosphoglycerate and maximal oxygen uptake. Med Sci Sports Exerc. 16(3): 263-268.

Convertino VA, Armstrong LE, Coyle EF, Mack GW, Sawka MN, Senay LC Jr, Sherman WM (1996) American College of Sports Medicine position stand. Exercise and fluid replacement. Med Sci Sports Exerc. 28: i-vii.

Costill DL, Sparks KE (1973) Rapid fluid replacement after thermal rehydration. J Appl Physiol. 34: 299-303.

Cowell BS, Rosenbloom CA, Skinner R, Summers RH (2003) Policies on screening female athletes for iron deficiency in NCAA division I-A institutions. Int Sports Nutr Exerc Metabol. 13: 277-285.

Depeint F, Bruce WR, Shanari N, Mehta R, O'Brien PJ (2006) Mitochondrial function and toxicity: Role of the B vitamin family on mitochondrial energy metabolism.

Chemico-Biological interactions 163: 94-112.

Djukic A (2007) Folate-responsive neurologic diseases. Pediatr Neurol. 37: 387–397.

Dok-Go H, Lee KH, Kim HJ, Lee EH, Lee J, Song YS, Lee YH, Jin C, Lee YS, Cho J (2003) Neuro protective effects of antioxidative flavonoids, quercetin, (+)-dihydroquercetin and quercetin 3-methyl ether, isolated from Opuntia ficus-indica var. saboten. Brain Res. 965: 130-136.

Dowling EA, Redondo DR, Branch JD, Jones S, McNabb G, Williams MH (1996) Effect of Eleutherococcus senticosus on submaximal and maximal exercise performance. Med Sci Sports Exerc. 28: 482-489.

Dressendorfer RH, Petersen SR, Lovshin SE, Keen CL (2002) Mineral metabolism in male cyclists during high-intensity endurance training. Int J Sport Nutr Exerc Metab. 12: 63-72.

El-Sayed MS, Balmer J, Rattu AJM (1997) Carbohydrate ingestion improves endurance performance during a 1 h simulated cycling time trial. J Sports Sci. 15: 223-230.

Fogelholm GM, Himberg J, Alopaeus K, Gref C, Laakso JT, Mussalo-Rauhamaa H (1992) Dietary and biochemical indices of nutritional status in male athletes and controls. J Am Coll Nutr. 11: 181-191.

Fortney SM, Nadel ER, Wenger CB, Bove JR (1981) Effect of blood volume on sweating rate and body fluids in exercising humans. J Appl Physiol. 51: 1594-1600.

Fritzsche RG, Switzer TW, Hodgkinson BJ, Lee SL, Martin JC, Coyle EF (2000) Water and carbohydrateingestion during prolonged exercise increase maximal neuromuscular power. J Appl Physiol. 88: 730-737.

Gaffney BT, Hugel HM, Rich PA (2001) The effects of Eleutherococcus senticosus and Panax ginseng on steroidal hormone indices of stress and lymphocyte subset numbers in endurance athletes. Life Sci. 70: 431-442.

Gey GO, Cooper KH, Bottenberg RA (1970) Effect of ascorbic acid on endurance performance and athletic injury. JAMA. 5: 105.

Gillis CN (1997) Panax ginseng pharmacology: a nitric oxide link. Biochem Pharmacol 54: 1-8.

Goldstein G, Nobel PS (1994) Water Relations and Low-Temperature Acclimation for Cactus Species Varying in Freezing Tolerance. Plant Physiol. 104: 675-681.

Gonzalez-Alonso J, Heaps CL, Coyle EF (1992) Rehydration after exercise with common beverage and water. Int J Sports Med. 13: 399-406.

Greenleaf JE, Castle BL (1971) Exercise temperature regulation in man during hypohydration and hyperhydration. J Appl Physiol. 30: 847-853.

Groff JL, Gropper SS, Hunt SM (1995) The Fat Soluble Vitamins. In Advanced Nutrition and Human Metabolism. Minneapolis: West Publishing Company.

Gropper SS, Sorrels LM, Blessing D (2003) Copper status of collegiate female athletes involved in different sports. Int J Sports Nutr Exerc Metabol. 13: 343-357.

Gurrieri S, Miceli L, Lanza CM, Tomaselli F, Bonomo RP, Rizzarelli E (2000) Chemical characterization of sicilian prickly pear (Opuntia ficus indica) and perspectives for the storage of its juice. J Agric Food Chem. 48: 5424-5231.

Halliday TM, Peterson NJ, Thomas JJ, Kleppinger K, Hollis BW, Larson-Meyer DE (2011) Vitamin D status relative to diet, lifestyle, injury, and illness in college athletes. Med Sci Sports Exerc. 43: 335-343.

Haminton B (2011) Vitamin D and athletic performance: The potential role of muscle. Asian J Sports Med. 2: 211-219.

Hasegawa I, Inoue K, Ishii K, Higuchi M (2000) Nutritional status of vitamin B1 and B2 in male high school speed skaters [in Japanese]. Japan J Nutr Dietetics. 58: 59-66.

Heath E, Wilcox A, Quinn C (1993) Effects of nicotinic acid on respiratory exchange ration and substrate lev디s during exercise. Med Sci Sports Exerc. 25: 1018-1023.

He FJ, MacGregor GA. A (2009) comprehensive review on salt and health and current experience of worldwide salt reduction programmes. J Hum Hypertens. 23(6): 363-384.

Herrmann M, Schorr H, Obeid R, Scharhag J, Urhausen A, Kindermann W, Herrmann W

(2003) Homocysteine increases during endurance exercise. Clin Chem Lab Med. 41: 1518-1524.

Holick MF (1998) Vitamin D requirements for humans of all ages: new increased requirements for women and men 50 years and older. Osteoporosis Int. 2: S24-29.

Hunt SF. & Groff JL (1990) Advanced nutrition and human metabolism. West Publ. Co., N.Y.

Ikegawa T, Nakanishi M, Uehara N Chilara G (1968) Antitumor action of some basidiomycetes, especially Phelinus linteus. Gann. 59: 155-157.

Jenkins D (1965) Effects of nicotinic acid on carbohydrate and fat metabolism during exercise. Lancet. 1: 1307-1308.

Jones A, Woods DR (2003) Skeletal muscle RAS and exercise performance. Int J Biochem Cell Biol. 35: 855-866.

Kang J, Kwon D, Park J, Shin YO, Lee JB, Igawa S, Song Y (2011) Deep-sea water supplementation and swimming exercise improves bone metabolism in growing rats fed a high-fat diet. Food Sci. Biotechnol. 20: 665-670.

Katsuda S, Yasukawa T, Nakagawa K, Miyake M, Yamasaki M, Katahira K, Mohri M, Shimizu T, Hazama A (2008) Deep-sea water improves cardiovascular hemodynamics in Kurosawa and Kusanagi-Hypercholesterolemic (KHC) rabbits. Biol Pharm Bull. 31: 38-44.

Korea Centers for Disease Control and Prevention. Korea National Health Statics 2009-The 4th National Health and Nutrition Examination Survey(KNHANES IV). Cheongwon: Korea Centers for Disease Control and Prevention. 2009.

Kumar R, Thompson JR (2011) The regulation of parathyroid hormone secretion and synthesis. Journal of American Society of Nephrology. 22: 216-224.

Kuo J, Chen KWC, Chen IS, Tsai PH, Lu YJ, Lee NY (2010) The effect of eight weeks of supplementation with Eleutherococcus senticocus on endurance capacity and metabolism in human. Chinese Journal of Physiology. 53: 105-111.

Lappe JM, Travers-Gustafson D, Davies KM, Recker RR, Heaney RP (2007) Vitamin D and calcium supplementation reduces cancer risk: results of a randomized trial. Am J Clin Nutr. 85: 1586-1591.

Lee KO (2007) Patent trends of deep sea water. Food World. 8: 103-110.

Leonard SW, Leklem JE (2000) Plasma B-6 vitamer changes following a 50-km ultra-marathon. Int J Sport Nutr Exerc Metab. 10: 302-314.

Lipmann F, Kaplan NO, Novelli GD, Tuttle LC, Guirard BM (1947) Coenzyme for Acetylation, a pantothenic acid derivate. J Biol Chem. 167: 869.

Lukaski HC, Bolonchuk WW, Siders WA, Milne DB (1996) Chromium supplementation and resistance training: effects on body composition, strength and trace element status of men. Am J Clin Nutr. 63: 954-965.

Lukaski H, Nielsen F (2002) Dietary magnesium depletion affects metabolic responses during submaximal exercise in postmenopausal women. J. Nutr. 132: 930-935.

Maimoun L, Simar D, Malatesta D, Caillaud C, Peruchon E, Couret I, Rossi M, Mariano-Goulart D (2005) Response of bone metabolism related hormones to a single session of strenuous exercise in active elderly subjects. Br J Sports Med. 39: 497-502.

Manore MM, Leklem JE, Water MC (1987) Viatmin B-6 metabolism as affected by exercise in trained and untrained women fed diets differing in carbohydrate and vitamin B-6 content. Am J Clin Nutr. 46: 995-1004.

Marieb EN (1993) Human anatomy and physiology (2nd Edn). benjamin Cumings, Redwood City, LA.

Matter M, Stittfall T, Graves J, Myburgh K, Adams B, Jacobs P, Noakes TD (1987) The effect of iron and folate therapy on maximal exercise performance in female marathon runners with iron and folate deficiency. Clin Sci (Lond). 72: 415-422.

Maughan R, Gleeson M, Greenhaff PL (1997) Biochemistry of exercise and training. Oxford University Press.

Maughan RJ, Renn CE, Leiper JB (1989) Effects of fluid, electrolyte and substrate ingestion on endurance capacity. Euro J Appl Physiol. 58: 481-486.

Miyamura M, Yoshioka S, Hamada A, Takuma D, Yokota J, Kusunose M, Kyotani S, Kawakita H, Odani K, Tsutsui Y, Nishioka Y (2004) Difference between deep seawater and surface seawater in the preventive effect of atherosclerosis. Bio Pharm Bull. 27: 1784-1787.

Murray R (1998) Rehydration strategies-balance substrate, fluid, and electrolyte provision. Int J Sports Med. 19: S133-S135.

Nadler J, Buchanan T, Natarajan R, Antonipillai I, Bergeman R, Rude R (1993) Magnesium deficiency produces insulin resistance and increased thromboxane synthesis. Hypertension. 21: 1024-1029.

Nakagawasai O, Tadano T, Hozumi S, Taniguchi R, Tan-No K, Esashi A, Niijima F, Kisara K (2001) Characteristics of depressive behavior induced by feeding thiamine-deficient diet in mice. Life Sci. 69: 1181-1191.

Nelson MM, Evans HM (1946) Pantothenic acid deficienct and reproduction in the rat. J Nutr. 31: 497-507.

Nelson RL (2001) Iron and Colorectal Cancer Risk: Human Studies. Nutr Rev. 59: 140-148.

Nice C, Reeves AG, Brinck-Johnson T, Noll W (1984) The effect of pantothenic acid on human exercise capacity. J Sports Med Phys Fitness 24: 26-29.

Nose H, Mack GW, Shi X Nadel ER (1988) Role of osmolality and plasma volume during rehydration in humans. J Appl Physiol. 65: 332-336.

Ohno H, Yamashita K, Doi R, Yamamura K, Kondo T, Taniguchi N (1985) Exercise-induce changes in blood zinc and related proteins in humans. J Appl Physiol. 58: 1453-1458.

Park EH, Kahng JH, Paek EA (1998) Studies on the pharmacological actions of cactus: identification of its anti-inflammatory effect. Arch Pharm Res. 21: 30-34.

Pohl HR, Wheeler JS, Murray HE (2013) Sodium and potassium in health and disease. Me. Ions. Life Sci. 13: 29-47.

Rasch PJ (1962) Effect of vitamin C supplementation on cross country runners. Sportä rzliche Paxis. 5: 1013.

Rehrer NJ (2001) Fluid and electrolyte balance in ultra-endurance sport. Sports Med. 31: 701-715.

Rokitzki L, Logemann E, Huber G (1994) A-tocopherol supplementation in racing cyclists during endurance training. Int J Sport Nutr. 9: 434-442.

Rondo PH, Tomkins AM (2000) Folate and intrauterine growth retardation. Ann Trop Paediatr. 20: 253-258.

Rosenberg IH (2007) Challenges and opportunities in the translation of the science of vitamins. Am J Clin Nutr. 85 : 325S-327S.

Ross AC (1999) Vitamin A. In: Modern nutrition in health and disease. Ninth edition. Shils M, Olson J, Shike M, Ross AC (Eds). Baltimore, Williams & Wilkins.

Rossiter HB, Cannell ER, Jakeman PM (1996) The effect of oral creatine supplementation on the 1000-m performance of competitive rowers. J Sports Sci. 14: 175-179.

Saltin B (1985) Physiological adaptation to physical conditioning. Acta med Scan. 711: 11-24.

Sawka Mn, Pandolf KB (1990) Effects of body water loss on physiological function and exercise performance. In Perspective in Exercise Science and Sports Medicine Vol. 3. Fluid Homeostasis During exercise. Gisolfi CV, Lamp DR(Eds). Indianapolis. Benchmark press, 1-38.

Sawka MN, Coyle EF (1999) Influence of body water and blood volume on thermoregulatiom and exercise performance in the heat. Exerc Sport Sci Rev. 27: 167-218.

Sawka MN, Montain SJ (2000) Fluid and electrolyte supplementation for exercise stress. Am J Clin Nutr. 72: 564S-572S.

Sawka MN, Young AJ, Francesconi RP, Muxa SR, Pandolf KB (1985) Thermoregulatory and blood responses during exercise at graded hypohydration levels. J Appl Physiol. 59: 1394-1401.

Shephard RJ, Campbell PP Stuart D (1974) Vitamin E, exercise and the recovery form physical activity. Eur J Appl Physiol. 33: 119-126.

Shirreffs SM, Taylor AJ, Leiper JB, MAughan RJ (1996) Post-exercise rehydration in man: effects of volume consumed and drink sodium content. Med Sci Sports Exerc. 28: 1260-1271.

Shulman RG, Rothman DL (2001) The "glycogen shunt" in exercising muscle: A role for glycogen in muscle energetics and fatigue. Proc Natl Acad Sci U S A. 98:457-461.

Singh A, Evans P, Gallagher KL, DeusterPA (1993) Dietary intakes and biochemical profiles of nutritional status of ultramarathoners. Med Sci Sports Exerc. 25: 328-334.

Singh A, Failla ML, Deuster PA (1994) Exercise-induced changes in immune function: effects of zinc supplementation. J Appl Physiol. 76: 2298-2303.

Son SM, Huh GY, Lee HS (2005) Development and evaluation of validity of dish frequency questionnaire (DFQ) and short DFQ using Na Index for estimation of habitual sodium intake. Korean J Community Nutr 10(5): 677-692.

Speich M, Pineau A, Ballereau F (2001) Minerals, trace elements and related biological variables in athletes and during physical activity. Clinica Chimica Acta. 312: 1-11.

Stacewicz-Sapuntzakis M (1997) Vitamin A and carotenoids. In: Sports nutrition vitamins and trace minerals. Wolinsky I, Driskell JA (Eds), New York: CRC Press.

Steams DM, Belbruno JJ, Wetterhahn KE (1995) A prediction of chromium (III)accumulation in humans from chromium dietary supplements. FASEB J. 9: 1650-1657.

Subudhi AW, Davis SL, Kipp RW, Askew EW (2001) Antioxidant status and oxidative stress in elite alpine ski racer. Int J Sports Nutr Exerc Metabol. 11: 32-41.

Tahiliani AG, Beinlich CJ (1991) Pantothenic acid in health and disease. Vitam Horm. 46: 165-228.

Thannickal VJ, Fanburg BL (2000) Reaction oxygen species in cell signaling. Am J

Physiol Lung Cell Mol Physiol, 279: 1005-1028.

Tsuchiya Y, Watanabe Am Fujisawa N, Kaneko T, Ishizu T, Fujimoto T, Nakamura T, Yamamoto M (2004) Effects of desalted deep seawater on hematologic and blood chemical values in mice. Tohoku J Exp Med. 203: 175-182.

Valesvski AF (2011) Thiamine(Vitamin B1). Journal of Evidence-Based Compementary & Alternative Medicine. 16: 12-20.

Van der Beek EJ, Van Dokkum W, Wedel M, Schrijver J, van den Berg H (1994) Thiamin, riboflavin and vitamin B6: Impact of restricted intake on physical performance in man. J Am Coll Nutr. 13: 629-40.

Wakabayashi C, Murakami K, Hasegawa H, Murata J, Saiki I (1998) An intestinal bacterial metabolite of ginseng protopanaxadiol saponins has the ability to induce apoptosis in tumor cells. Biochem Biophys Res Cummun. 246: 725-730.

Wang ST, Hwang DF, Chen RH, Chen YC, Liang CW, Lin CS, Tsai ML (2009) J Food Drug Anal. 17: 133-141.

Wardlaw GM (1997) Contemporary nutrition issues and insights (3rd Edn).WCB/McGraw-Hill.

Watanabe T (2003) Role of biotin and its effects on health. News Letter. Vitamin Information Center. No. 106.

Winters LR, Yoon JS, Kalkwarf HS, Davies JC, Berkowitz MG, Haas J, Roe DA (1992) Riboflavin requirements and exercise adaptation in older women. Am J Clin Nutr. 56: 526-532.

Xion Y, Shen L, Liu KJ, Tso P, Xiong Y, Wang G (2010) Antiobesity and antihyperglycemic effects of ginsenoside Rb1 in rats. Diabetes. 59: 2505-2512.

Yeh JK, Aloia JF (1990) Effect of physical activity on calciotropic hormones and calcium balance in rats. Am J Physiol. 258: E263–E268.

Yeh JK, Aloia JF, Yasumura S (1989) Effect of physical activity on calcium and phosphorus metabolism in the rat. Am J Physiol. 256: E1–E6.

Yon M, Lee Y, Kim D, Lee J, Koh E, Nam E, Shin H, Kang BW, Kim JW, Heo S, Cho

HY, Kim CI (2011) Major sources of sodium intake of the Korean population at prepared dish level - based on the KNHANES 2008 & 2009. Korean J Community Nutr. 16(4): 473-487.

Yoon SJ, Kim KH, Kim CJ, Park HC, Kang KH, Kim MJ, Kang SM, Kwak UH, Kim HJ (2008) Effect of red ginseng supplementation on aerobic, anaerobic performance, central and peripheral fatigue. J Ginseng Res. 32: 210-219.